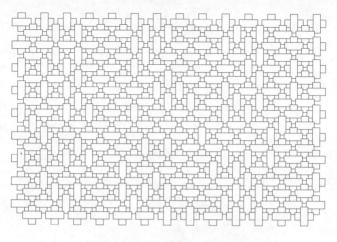

紀州のドン・ファン 野望篇

野崎幸助

講談社＋α文庫
プラスアルファ

はじめに

2016年の暮れに出版した『紀州のドン・ファン　美女4000人に30億円を貢いだ男』はお蔭さまで好評でした。

「どんなに助平な本だと思ったけれど、違っていた」

「勇気をもらえて良かった」

読者の皆様からは励ましの声が届きました。多くは社交辞令、お世辞と思っておりますが、褒められれば嬉しいもので私自身もおだてられて木に登ったような気持ちになりました。

前作は2016年2月に、50歳年下の自称モデルが5400万円相当の貴金属と現金600万円を私の自宅から盗んだ容疑で逮捕され、ワイドショーで大きく取り上げられたことから始まっております。このとき対応した私がラクダの下着姿だったことで、

「どれだけエロジジイなんだ」

という書き込みがネット上をにぎわしたものです。裸一貫から財を成した経緯を記し、美女とエッチをすることの夢を語り、「欲は性欲だけ。お金を稼ぐのは美女とエ

ッチをするため」と決心したいきさつを書かせていただきました。

そんな最中の2017年2月に自宅に強盗が入る事件も起きました。「天災は忘れたころにやってくる」とは寺田寅彦先生の名言ですが、私の場合は「人災はしょっちゅうやってくる」のであります。現在も紀州の田辺で暮らし、不動産業や酒類販売会社などの社長として現役で頑張っておりまして、仕事と同じように美女とのエッチも現役続行中です。


今回の新作は「死ぬまで現役」の私がなぜこんなに元気なのか？　僭越《せんえつ》ながら皆様にその秘訣をご指南しようとするものです。

戦後の貧しかった時代、そして高度成長の時代、バブル、「失われた30年」と時代は移り変わりましたが、私のスケベ魂は不変です。齢《よわい》77のジジイですが本人は50代くらいだと思い込んでおります。知能程度は中学生並みかもしれませんが要は気の持ちようです。

「自分は七十幾つだ。後期高齢者だ」

そう思うのが一番よくないことです。王貞治氏や麻生太郎元総理、そして元プロ野球投手の板東英二氏、女優の浅丘ルリ子さんなどが私と同世代でありまして、あの球界のご意見番・張本勲さんも一緒です。毎週日曜の朝に「喝《カツ》！」を連発する張本さんをジジイ呼ばわりする方は少ないのではないでしょうか。

ピンクのシャツを着こなし、若々しくて潑剌《はつらつ》としたお姿は私の希望の星でもあります。そこに並外れた性欲が引っ付いているのが私というワケでして、まだまだ健康でいられる秘訣《ひけつ》は何なのかも記しておりますので参考になれば幸いです。

今も健康でいられるのは美女たちとのお付き合いもありますが、年に一度の恒例になっている人間ドックを受診していることもあると思っています。

昨年も7月前半に築地の聖路加《せいるか》国際病院に1週間近く入院して調べていただきました。退院して田辺に帰ったすぐ後で、日野原重明《ひのはらしげあき》先生の訃報に接することになりました。享年105歳の大往生でありますが、30歳も年上の、尊敬すべき素晴らしい先生でした。この思い出も記させていただきました。また昨年、私が遭遇した笑えない強盗被害についても、できるだけ明るく報告させていただきました。

前作同様、「こんな幸せなバカがいるんだ」そう笑ってくだされば本望であります。

野崎幸助

2018年　性春

紀州のドン・ファン 野望篇 ◉目次

第三章 私が抱いてきた4000人の美女たち

本作品は書きおろしです。
登場人物の一部は仮名になっています。

第一章　ドン・ファン　強盗に襲われる

午後7時の侵入者

「あのね、さっき強盗が押し入ってきたんですよ」

「こんな時間に強盗？　社長、まだ夢を見ているんじゃないですか？」

２０１７年2月18日、土曜日の午後7時すぎのことです。

「夢じゃないんです。４０００万円ほどの貴金属とクレジットカードが入っているケースを持っていかれました。ドスをつきつけられてねぇ」

「ほう、そうドスか？」

「しょうもないダジャレを言っている場合じゃないんです……。警察も来ていますから、早く来てください」

「はいはい。分かりました」

電話の向こうでライターのヨッシーが冷笑している姿が浮かびました。２０１６年2月に私が６０００万円ほどの金品を50歳年下の愛人に盗まれた事件の取材で来た彼は、私の美女とのエッチに固執した人生を面白がり出版を勧めてくれました。

ヨッシーは警察の取調官の如く私の過去を根掘り葉掘り聞き取る作業を続け、昔の愛人との思い出も掘り起こしてくれました。

「たくさんの美人の女子大生ともお付き合いをしたんですよ」

「へえ〜、どこの誰ですか？　名前は？　今はどこに住んでいますか？」

「昔のことなんでねえ。でも本当なんです。モテたこともあるんですから……」

「資産家のあなたの自慢話を誰が読みたいと思いますか？　残念ですが却下です」

彼は私の自慢話には全く興味を見せない冷酷な男でありました。何ヵ月にもわたった取り調べを経てすったもんだの末にやっと2016年末に出版したのが、自伝『紀州のドン・ファン　美女4000人に30億円を貢いだ男』です。思いがけず好評のようで皆様に感謝しております。それで柳の下にドジョーが2匹も3匹もいると考えた彼は続編の取材のために度々田辺に足を運んでいたのです。

大酒飲みのヨッシーですが、女性のいるクラブやスナックには全く興味がなく、安くて美味しい居酒屋であれば満足するというリーズナブルな男です。タバコは吸わないけどオッパイを吸うのが大好きな私とちがって、彼はオッパイよりもタバコのほうを選ぶのですから私から見れば変人であります。

「なんでオレが店の女の子を接待しなければならないんですか？　冗談じゃないですよ」

取材で全国そして海外まで足を運んでいるので、引き出しが多いヨッシーはどんな話題を振っても冗談で返してくれます。

そんな彼が私に対して冷笑するのにはワケがあります。

実はこの10日ほど前の2月7日の午後9時すぎにも、1階の風呂場の大きな窓が割られるという事件が起きていました。2階の寝室にも私専用の風呂場があり、1階はゲスト用のものです。

あっ、すみません。風呂場ではなくて正確にはバスルームでした。ジャグジー付きの足を伸ばせる大きな白い浴槽があるバスルームの2重になっている曇りガラスが粉々に割られ、人がすっぽり出入りできるほどの穴が開いてしまったのです。

都内で暮らしているヨッシーに電話でそのことを伝えると、このときも彼ははなから信じようとしませんでした。

「深夜ならいざ知らず、近所の住人が起きている夜の9時のような時間に強盗が来ますか？　誰かが嫌がらせに窓ガラスを割っただけじゃないですか？」

そう言うばかりでした。まるで私のことを狼少年どころか嘘つきジジイと小バカにしていたのです。

しかし、今度こそ本当に強盗が来たのです。

ワイドショーで悪人キャラに

私が暮らしている家は、田辺湾が見下ろせる市内の高台にあります。ＪＲの紀伊田辺駅まで車で5分ほどの便利な場所ですが、豪邸などはなく小さなマンションやアパートが建ち並んでいる平凡な住宅地の一角です。そこの2階建ての小さな一軒家に、愛犬でミニチュアダックスフントのメス犬のイブちゃんと暮らしております。掃除洗濯は通いのお手伝いさんに頼んでおりますが、バツ2で子供もいない私は一人で暮らしています。いやイブちゃんは20歳で家族同然ですので、犬なのに猫可愛がりをしているのです。

家には防犯カメラが多数付いているし、セコムとも契約して防犯には気をつけていました。今まで愛人に泥棒された以外に、家の中で犯罪にあったことはありません。15年ほど前には自宅の目の前の路上で強盗に襲われ、ドスで左足の付け根を刺されて手に持っていたバッグを奪われ８００万円ほどを強盗される被害に遭いましたが、犯人はその後逮捕されました。前作でその一部始終を書きましたが、犯人はヤクザ者で私の会社の女性事務員のヒモだったことが後で分かりました。

フジテレビが２０１７年1月から私の密着取材を開始しておりまして、今回の強盗事件直前の2月16日に2回目のロケが始まっていました。これは3月31日夜のゴールデンタイムに放送された「訂正させてください」という特番で私のことを取り上げる企画でした。マスコミ事情に疎《うと》い私は、2016年2月の愛人逮捕騒動で駆け付けてきたワイドショーのクルーにラクダのシャツと股引《ももひき》姿でカメラの前で説明し、自宅にあった多額の現金も映されてしまいました。

なぜ私がそんな恰好で取材に応じたのか？　家に現金があるのはナゼなのか？「一億円なんて紙屑ですよ」と言った真意などについて「訂正させてください」というのがコンセプトです。既に前作の『紀州のドン・ファン』のなかで私の言い分は書かせていただいておりますが、それをあらためてテレビでも話して欲しいということだったのです。

実は『紀州のドン・ファン』を出版した後で多くのテレビ局から取材の依頼が来ていました。しかし、和歌山まで来てもいいというテレビ局は少なく、「○月○日に都内のスタジオで撮影したいのですが」という依頼が多かったのです。

昨年のワイドショーですっかり悪人キャラとなってしまった私は、テレビ業界の怖さを身に染みて感じていましたので、テレビ出演にはしり込みしていました。

「社長の主張を取り上げてくれるのですから撮影を受けたらいかがですか？　ボクも

同行しますから変なことにはなりませんよ」

ヨッシーがそう言ってくれたので、彼にフジテレビ側との交渉をしてもらい、フジテレビもヨッシーが同行することを了承してくれました。

2月16日は三重県鳥羽市にある海沿いの高級リゾートホテルに、彼女の真奈ちゃんと旅行に行っているところから密着取材が始まりました。このホテルにも私が経営している酒販会社がお酒を卸しており、納入業者の会合に足を運んだのです。真奈ちゃんは私が以前東京で貸金業をしているときティッシュ配りのアルバイトをしていました。大きなくるくる動く愛らしい目と長い黒髪。そして鼻筋がしゅんと通った人目を惹くべっぴんさんであります。当時は女子大生でしたが、現在は大阪の大学院で勉強している才媛でもありまして、年に数回こうやって会う機会を持っているのです。

唯一の不満は私好みのボン・キュッ・ボンではなく、ポン・キュッ・ポン程度のプロポーションであることです。

「『紀州のドン・ファン』読みました。面白かったです。本当にあの通りで社長は美人とエッチをすることだけを考えて生きてるんですよ。もう慣れているので私は平気だけど、私といても平気で他の女性に声をかけてナンパしますから。野崎幸助の助は助平の助で、自分では幸いな助平だって自慢してるんです……」

真奈ちゃんは馴染みになったヨッシーのみならず、テレビのディレクターのスーさんにも平気で私の失敗談を喋《しゃべ》りまくります。まあ、ウソではないので私はにこにこと笑うしかありません。できたら真奈ちゃんと結婚したいと密《ひそ》かに思っているのですが、いつも一笑に付されます。そんな様子をカメラが追っていました。

翌日は真奈ちゃんの希望で鳥羽から移動して、大阪の天王寺にある「あべのハルカス」の最上階のマリオット都ホテルに行きました。何度かここには足を運んでおりますが、いつも大勢のお客さんで賑わっています。

どうして多くの人間は高いところが好きなのでしょう？

バカとなんとかは高いところが好きと昔から言われておりますが、そう言う私もその一人でありまして、天下を取ったような気分になります。このホテルでも案内係の女性を何回かナンパをしておりまして、真奈ちゃんの目を盗んで彼女に名刺を渡すところをバッチリとスーさんに盗撮されてしまいました。この名刺とは「ドン・ファンスペシャル」と自画自賛する代物《しろもの》でありまして、名刺の裏側に切り込みがあり、そこに1万円札を挟めるようになっているのです。

この秘密兵器は過去に数々のＣＡ（飛行機のキャビン・アテンダント）さんを落とした優れものであります。案内嬢とのパイプは繋がっておりまして、そのうちにアタックを掛ける心積もりになっておりました。

真奈ちゃんと二人で仲良く黒毛和牛の鉄板焼きに舌鼓《したつづみ》を打ち、彼女と大阪で別れたあと、電車に乗って17日の夜に田辺の自宅に戻ってきました。ディレクターのスーさんもヨッシーも一緒です。心地良い疲れを感じながら、翌日も朝3時半ごろには会社に行くとスーさんたちに伝えて別れました。まさか翌日にとんでもないことが起きることなど誰も予想していなかったのです。

長い一日

自宅から徒歩3分ほどのところに私の会社があります。20年ほど前に建てた鉄筋コンクリート4階建ての私のお城というべき存在です。会社の横にはビールケースなどがうずたかく積まれた酒類の倉庫もありまして、フォークリフトでトラックに酒類を詰め込んで和歌山のみならず大阪や三重の顧客へ配達をしています。高級ホテルやリゾートホテルや大きな料亭、そしてスナックなどが顧客になってくれているのです。

年中無休の私が出勤するのは毎日午前3時過ぎなので、出勤風景を収めるために18日の午前3時前にはスーさんとヨッシーはクソ寒い中を家の外で私が出てくるのを待っていたようでした。ところが、私は真奈ちゃんとの旅行で精力を使い果たしてしまって迂闊《うかつ》にも寝過ごしてしまったんです。

「ドン・ファンが出てこないんだけど。携帯にも反応はないし……」

早番担当の会社の従業員は5時に出社します。そこでヨッシーは会社に行って20代の若い従業員に相談したそうです。

「社長は出張しているときも必ず従業員が出社しているのか確かめるために5時には電話が来るんですが、こんなことは初めてですね……」

彼らは私が不測の事態に陥っていると心配したようです。不測の事態＝私の突然死ということであります。6時になっても電話が来ないので、ヨッシーたちはセコムに連絡し、合鍵で玄関を開けたそうです。それで寝室前まで来たけれど、寝室のドアの鍵を半月ほど前に換えた連絡をセコムにしていないので、鍵を開けることができなかったと聞きました。

「社長、大丈夫ですか？」

ドンドンドンとドアを叩いても反応がなく、微《かす》かに愛犬のイブちゃんが鳴いた声が聞こえただけだったらしいのです。

異常事態と判断してドアを破ろうかと皆で相談しているときに私が気づいてドアを開けて一件落着となったのですが、その一部始終はフジテレビのカメラにしっかり記録されておりました。

「返事がないから意識不明の重病か、死んでしまったって思いましたよ。ったく、驚かせないでください」

ヨッシーもスーさんも目に涙を浮かべて心配してくれました。20分以上叩いても返事がないので、ヨッシーはロウソクと線香を買いに行こうと考えていたそうですからとんでもないオトコであります。

「いやいや葬式饅頭を手配することまで考えたんですよ」

「そんなの早すぎるでしょ」

「香典は幾らにしたらいいかな、とも考えていました。そこまで考えていたボクに対して敬意を払ってほしいものです」

しれっと、ヨッシーは言います。物は言いよう屁《へ》はこきようというものです。そこまで言われれば降参するしかありません。

「心配をかけてごめんなさいね。精力を使い果たして爆睡しちゃいました。もう大丈夫ですから」

へりくだって謝りました。ところが、です。

「あのね、誤解しないでくださいよ。今、ドン・ファンに死なれたら、もう放送はできないんです。これまでかかった撮影費用は半端じゃないんだから。それと続ドン・ファンを期待している読者もいるんですからね」

「そうなんですか……」

どうやら彼らが心配しているのは、私の体ではなくソロバンのようです。まあそれでも、私のことを気遣ってくれるのはどうあれ嬉しいと考えなければなりません。生きる意欲や目的がなければ老け込むのが早いと聞きます。私はその点美女を抱くという生きがいをしっかり保っておりますし、世の男性方に生きる喜びを伝授しようと勝手に思っているのですから、幸せな人生だと考えております。

さて、18日の早朝はこんなハプニングで夜が明けました。そしてお昼過ぎからは自宅のリビングで私へのインタビューの収録が行われました。

セーターの胸にピンマイクを刺す本格的なものです。

「トランプ政権の見通しと日本経済の将来について持論を喋りましょうか？」

私がそう振っても機材のチェックをしているスーさんは完全に無視しています。

「じゃあ、円高の弊害はいかがですか？」

またもや無視。

「それは後でどこかの放送局でやってくださいね。ドン・ファンの経済予測！　って番組なら受けるかもしれませんねぇ〜」

スーさんが心にもないことを言っているのは鈍感な私でも気がつきます。

インタビューが終わり、ビールを呑みながら出前の海鮮丼で遅い昼食を取りました。仕事終わりの昼過ぎにはこうやってビールを中ジョッキ2杯程度流し込むのが習慣になっております。

「長い一日になりましたね」

苦労を掛けたヨッシーとスーさんに労《ねぎら》いの言葉をかけました。

「社長、お世話になりました」

別室で着替えをしていた私に挨拶にきたヨッシーとスーさんが、私のラクダの下着姿を見て苦笑しています。私は冷え性ですので日に何回か湯船につかりますし、ラクダの下着は手離せない必須アイテムとなっているのです。これを着れば防弾チョッキならぬ防寒チョッキぐらいの働きをしてくれる優れものなのです。

「これですかラクダの下着は。上下でいったい幾らくらいしたんですか？」

「そうですねぇ〜、10万ぐらいはしたんじゃなかったですかねぇ〜」

「またまたぁ〜。ラクダの下着が10万円ですかぁ〜」

人を疑うことが商売のようなヨッシーは信じる素振りすら見せず、苦笑しながらラクダのシャツの襟のタグをムンズと摑み、それにスーさんがカメラを向けました。

「あとでメーカーに確かめてみます。本当にお世話になりました。今夜は駅の近くで打ち上げ会をします」

スーさんは翌朝の飛行機で帰京し、ヨッシーは仕事で大阪へ向かうということでした。

しかし、まさかその後にメインイベントが起きるとは誰も思いも付かなかったのでした。


「カネだ、カネを出せ」


「いやよ。いやいや」

グラマラスな美女のぽってりとした唇から嬌声が漏れてきます。これを否定と聞くのかそれとも肯定ととるのかは重要な判断でありまして、「いやよ、いやよも好きのうち」と自分に言い聞かせて美女をベッドに押し倒します。頭の中では進軍ラッパが鳴り響き、なぜか山鹿《やまが》流の陣太鼓が「ドンドンドン」と打ち鳴らされています。日露戦争と赤穂浪士の討ち入りがごっちゃになっているのは別に不思議ではない。

ただ陣太鼓の音がやけに大きくそれが耳元まで近づき吉良《きら》の屋敷の門を大きな木槌で叩き壊す音もしています。

「吉良はどこだ〜」

どうやら私は吉良上野介《こうずけのすけ》のようでして、そうなれば逃げなければなりません。しかし、部屋は20畳ほどしかなく、身を隠せる場所もありません。部屋の中央には大きなダブルベッドと、アダルトビデオ観賞用のためだけに大枚をはたいた70インチの大型液晶テレビがドンと鎮座しているだけの部屋なのです。隠れる味噌蔵はなかったっけ？

そのとき、やっとその音が夢ではなく現実の音だと気がつきました。

2階の寝室のダブルベッドで愛犬のイブちゃんと寝ていた私は、もの凄い勢いでドアを破壊しようとする音で目を覚ましたのです。

「ドン、ドン」

赤穂浪士ではなく、それは強盗犯です。

寝室のドアの鍵は必ず掛けるのが習慣になっておりますし、玄関の鍵も掛けておりました。なんで賊が寝室のドアを破ろうとしているのか朦朧《もうろう》とした頭では理解できません。寝起きといっても壁の時計は午後7時すぎを指しています。

普通の家のドアと比較すると頑丈なドアですが、賊は斧《おの》のようなもので破壊しているようです。目の前でドアの板がメリメリと音を立てて破られていくなんて誰が想像できますでしょうか？　野っぱらの一軒家じゃなく、隣近所がある住宅地でそのようなことが行われているのが信じられません。穴は見る間に大きくなり、そして腕がすっぽり入るほどの穴が開き、賊はそこに腕を入れて内鍵を「ガチャリ」と回したのです。

心臓が止まるかと思うほどの恐怖感で、まるでスリラーかホラー映画の一場面を見ているようでした。

「カネだ、カネを出せ」

寝室に入ってきたのは泥棒を絵に描いたような目出し帽を被った中肉中背の男でした。

その男がドスを振り回して叫びます。いや、振り回したのはドスではなく斧だったと後で聞きました。賊を見た愛犬のイブが唸《うな》り声を上げて賊に飛び掛かりました。

と、なれば忠犬イブ公になります。

ところがそれは私の願望でありまして、ミニチュアダックスフントのイブは吠えることすら忘れてオレンジ色のバスローブ姿の私の腕の中でブルブルと震えているばかりです。まあ、人間であれば私と同じような年齢の20歳の老犬ですすのでしょうがありませんし、飼い主に似たヘタレ犬であります。

「おう、ワレ、よ〜来たな」

ドラマや映画では主人公が余裕をかまし賊を取り押さえるのが定番であります。賊に備えて枕の下に護身用のピストルを置いているのも定番ですけれど、そんな備えがあるはずがありません。

金属バットや木刀があったとしても振り回せば犯人を刺激してしまう。時間を稼げばセコムが駆けつけてくれるだろうと密かに思っておりました。

「おカネはないですよ。もうここには置いていませんから」

賊はいきり立っていますので、刺激をしないように大人しい口調で応えました。

「ウソだろ。じゃあ、どこにあるんだ?」

「ウソだと思うのなら、どうぞ探してくださいよ」

賊は壁際のクローゼットの鍵を壊しながら金目のものを探しだしました。そして4000万円ほどの貴金属が入っている箱を手にしたんです。それから私が脱ぎ散らかしていたズボンのポケットから、7000円ほど入っていた私のカード入れを奪いました。

私は財布を持つ習慣はなく、背広のポケットなどに無造作にお札を入れておくことが多く、小銭もジャラジャラといつもポケットの中で踊っています。アメックスとダイナースのカード入れも盗られ、犯人はそれを持って脱兎《だっと》の如く階段を降りて行きました。

「あ〜あ、盗られてしまった。でも怪我がなくて良かった」

そうして、ベッド脇に置いてあった携帯電話でヨッシーに電話をかけたのが冒頭のシーンでした。ヨッシーがはなから信じないで冷笑したことは前に述べましたが、それはさておいて天は我を見捨てることはなかったのであります。賊が家の門を出た瞬間にパトカーで駆け付けてきた警官にドンピシャと現行犯逮捕されたのです。近所の住人が1階のリビングのガラス窓が破壊される音を耳にして、110番通報をしてくれていたのです。

賊を捕まえたのは警官になって1年もしない新人の女性巡査でした。玄関から飛び出してきた賊と鉢合わせになった彼女は賊を追いかけてタックルをかまし、倒れた賊を同僚の男性巡査と共に逮捕し、近畿管区警察本部から表彰されたことがひと月ほど後の地元新聞に載りました。紙面には微笑んでいる女性巡査が大きく掲載されています。ナンパが得意な私ですが、さすがに彼女をナンパする勇気はありません。夫婦喧嘩になったら勝ち目がないからであります。

ニュースで流れる

強盗に襲われて九死に一生を得た私です。

私は助平だけが取り柄《とりえ》ですから生まれてこのかた自分が人格者だと思ったことは露ほどもありません。学級委員長になったこともありませんし、子供もいなかったのでPTAとも無縁でした。ですから町内会長などという大それた職責を担ったこともありません。しかし、嬉しいじゃあありませんか。一人住まいのジジイのことを気にかけてくれる近所の人がいたんですから。「遠くの親戚より近くの他人」とはよく言ったものです。

警察の鑑識課員たちが自宅で指紋を取ったり、現場検証をしています。

「社長もコレをつけてください」

髪の毛が落ちないように捜査員から手術で使うような紙製の帽子を受け取り、白い手袋もはめました。オレンジ色のバスローブに帽子、手袋という奇妙な恰好で捜査員の事情聴取を現場で受けることになり、それをヨッシーが見守ってくれました。リビングの床は割られた強化ガラスの細かい破片が散らばり、満天の星空のようにキラキラと輝いています。

「殺されなくて良かった、良かった」

ヨッシーが優しい言葉をかけてくれるのは勿論ソロバンのことが頭にあるからなのでしょう。

「もしかして社長が犯人を雇って騒ぎを演出しているのかと疑ったりもしましたが、現行犯で逮捕されているんですから本当なんですね。いやあ、驚きました。社長持っていますねぇ～」

持っているのは股間のしなびた一物だけですが、スーさんは苦笑しながら、捜査員たちにビデオカメラを向けてそう呟《つぶや》きます。

犯人は29歳の自称内装工ということで、私とは一面識もなかったことが翌日に警察署で記者発表されました。

夜中の12時までかかった現場検証にもヨッシーたちは付き合ってくれました。翌朝9時には大阪から車を飛ばしてきたというテレビ局のクルーがやってきました。その後もお昼前までには大方の在阪のテレビ局がやってきまして現場を撮って私のインタビューも撮りました。そのニュースはこんなものでした。

「和歌山の資産家宅に強盗が入り4000万円相当の貴金属を盗ったが、110番通報で駆け付けた警察官に現行犯逮捕された」

私の名前を伏せている局や私の顔にモザイクをかけている局もありました。私のことを守るためにそのような気遣いをしているのかもしれません。

「資産家は昨年交際している女性に6000万円相当の金品を盗まれたことを報道されたことでも知られている」

と、昨年愛人が逮捕された報道の際に、ラクダの下着で取材を受けている様子を流した局もありました。しかし、私としては実名で顔出しして、ドン・ファンの家にはもう財産は置いていないということをハッキリさせて欲しかったのですが、それは叶いませんでした。

「今はもう、自宅にはお金は置いていませんので来ないでくださいね」

インタビューにはそう答えていたのに、それがカットされていたのも残念でした。

理不尽な警察の対応

結局、背丈より高い大きなガラス窓と破壊されたドアを修復することになりました。半月ほど経って注文した窓ガラスやドアが取り付けられましたが、費用は100万円近くに上り、損害賠償を犯人にしたいところですが、なんと犯人の詳細を警察は教えてくれないのです。

「前科は無く、近畿地方の出身者ではなくて土地勘《とちかん》もない。社長の自宅に金品があると思って狙った……。2月7日にバスルームのガラスを割った犯人と同一犯なのかはまだ分かりません。今お教えできるのはこれぐらいですね」

警官はシレッと言い放ちます。

「社長が自宅に現金や貴金属を置いていることがワイドショーで放送されて、それが犯人を刺激したんじゃないですか。現金は自宅に置かないでくださいよ」

被害者なのに警官から説教をくらいました。

「もう置いてないですから」

何度も言いますが、現在家には金目のモノは置いていませんので狙わないでください。お願いします。

しかし、午後7時に大きなガラス窓を破ってピンポイントで私の寝室のドアを破壊するのは内部情報に詳しくないとできないと思うのです。私は犯人を手引きした裏の人間がいると睨《にら》んでいたのですが、真相は闇のなかでした。犯人は住居侵入・恐喝・強盗の罪によって起訴されました。裁判になるまで被害者が犯人のことを教えてもらえないのもおかしな話だと思います。

ラクダのお値段

「ラクダの下着のことですけれど……」

フジテレビのスーさんから電話がきたのは強盗事件から3日後のことでした。

「なんですか？」

「いや〜あ、参りました。社長は下着が10万円って言ってたでしょ」

「……そうでしたっけ？」

「ええ、しっかりと撮影していますから間違いありません」

「はあ……」

「社長、ウソはいかんですよ。あの下着、本当は幾らだったんですか？」

「10万円じゃあなかったんですか？」

記憶が曖昧《あいまい》ですので10万円ではないかもしれない。まさかスーさんは「ドン・ファンはウソつきでした」というふうに編集しようと思っているのではないか。背中を冷や汗がつたいます。

「あのね……。ボクも調べてみて目が点になりました。アレは100万円じゃないですか」

「100万円？　そうでしたっけ？」

スーさんは襟のタグを調べてみたそうです。するとそれは南米のアンデス山脈に生息するラクダの仲間のビキューナという、ペルーの国旗にも描かれている動物の毛で作られた肌着だと分かったというのです。

「ネットで値段を調べると、消費税を入れて108万円で販売しています。0・01ミリの細さの毛は地球上最高の繊維と呼ばれているそうで、ペルーの政府によって保護されているそうです。一回の刈り込みで成獣1頭につき250〜350gの毛しか取れず『繊維のダイヤモンド』とか『神の繊維』とも呼ばれているそうですよ」

「なんかそんなことを聞いたような覚えがありますけれど」

「どこで買ったんですか？」

「多分大丸デパートの外商さんからじゃあなかったかな。だいたいデパートの外商さんから買うことが多いですから」

「しかし、ラクダの下着姿のときに『これは高いんですよ』って自慢してもよかったのに……」

「そんなことを言わなくても見る人が見たら分かると思っていたんですけどねえ。まあ私は寒いのは苦手ですので、重宝しているんです。自分が持っているものを高いと自慢するのは野暮じゃないですか。たしか私のコートもそのビキーニだったかドキューンナだったはずです」

恰好つけて言いましたが、実際値段のことは本当に忘れていたのです。最近よく物忘れをしまして、知人の名前が出てこないようなこともあります。

「認知症の始まりではないですか？」

スーさんが嗤《わら》います。

「そうかもしれませんね。覚えていない場合がありますのでそのときはご容赦ください」

認知症にかこつけて都合の悪いことも忘れたフリをするのは歳の功というものです。

翌日になってまたスーさんから電話がありました。

「社長のコートを調べました。800万円でした……。まるで高級外車を身に纏《まと》っているようじゃあないですか……」

「車は重いですから。肩が凝るじゃないですか」

「そんな問題じゃないです。これから編集作業をしますので」

「まあ、よろしくお願い申し上げます」

携帯電話に舌を出します。

高価だからいいものだと単純な発想はしていませんが、それでもいいものを長く使うほうが長い目でみれば得だという考え方は変わっていません。

初公判

梅や桜の花見のシーズンが終わり、道端の草花が目を楽しませてくれる4月20日、事件から約2ヵ月経って田辺市内の裁判所で例の強盗事件の初公判が開かれました。法廷が3部屋ほどしかない2階建ての小さな裁判所ですが、私にとっては債権事件などで何度も足を運んでいる馴染《なじ》みのホームグラウンドであります。犯人がどのような意図で私の家を狙ったのか？　などなど知りたいことが沢山ありましたが、その前に動きがあったのです。

「社長、損害賠償をしたいんですけれど」

犯人の国選弁護人になったA弁護士から会社に連絡がきました。A氏の事務所は私の会社からもそう遠くなく、顔見知りですが親しい関係というワケではありません。

「犯人のことを教えていただけませんか？」

「それは守秘義務がありまして」

「私は犯人のことを何も知らされていないんですよ。住所不定と名前と年齢、自称内装工という記者発表だけですからね。相手が分からないのに『損害賠償したい、はいそうですか』とはいかないでしょ?」

「いや、それは喋れません。で、被害に遭った窓ガラスやドアの修繕費を支払いたいと犯人の親族から申し入れがあります」

「犯人のことも分からないのに、それを了承してくださいというのは筋が違わないですか」

「そうおっしゃられても……」

「では無理ですね。Aさんは私と被告の間で損害賠償が行われたことを裁判で公表し、情状を狙うつもりでしょうが、今の段階では無理というものです」

これが前段階であったことです。

さて、裁判に戻りましょう。大事件でもないので傍聴席にいたのは私と会社の番頭のマコやんほか従業員2人、地元新聞の紀伊民報の若い男性記者とヨッシー、その他に4人ほどが腰かけていました。メガネをかけた柔和な裁判長が入廷し、それから手錠と腰縄を付けられ灰色の上下トレーナーを着た犯人が2人の警備官に連れられて入廷しました。正確には被告人と呼ぶようですが犯人としておきます。

犯行時、犯人は覆面レスラーのように目出し帽を被っていたので、そのとき初めて犯人の顔を見ました。小太りで身長は170センチ弱、坊主頭の丸いおにぎりのような顔に眠ったような目をつけた若者です。

手錠と腰縄を解いてもらった犯人が壇上の裁判官と向き合い、氏名・生年月日・本籍等を喋りました。小さな声だったのでなかなか聞き取れません。宮城県石巻市で生まれ育ったことは理解できましたが、それよりも驚いたのは灰色長袖のトレーナーのうなじまで入れ墨があったことでした。若者の間に入れ墨（恰好つけてタトゥーともいうようですが）が流行っていることは知っておりますが、弱い人間が自分を強く見せたい、他人を威嚇したいがゆえに入れているとしか私には思えないのです。ヤクザの入れ墨もその類いであると思っております。

「親からもらった体に墨は入れるな。ヤクザの組織から足抜けさせないために消せない入れ墨を入れているんだぞ」

幼少のころから両親にそう教わってきたものですが、今の親たちは子供にそのような躾《しつけ》をしないのでしょうか？　嘆かわしいことであります。

検察官が冒頭陳述（冒陳）を行いました。概略は以下の通りです。

「犯人は地元の高校を中退後に結婚したものの、東日本大震災によって職がなくなり、埼玉県にいる知人を頼って単身赴任で内装工の仕事に従事していた。奥さんと娘は石巻にある彼女の実家で暮らしていたが、奥さんの兄弟が実家で暮らすことになるので、他の住居を探すように言われており、その引っ越し費用や娘の幼稚園の入園費用を賄うために金が必要だった。また、ヤクザへの上納金にも困っていた。そこで携帯サイトを使って金のありそうな資産家を探したところ、和歌山県田辺市の野崎幸助の記事が目に留まって窃盗を思いついた。それで友人の車を借りて前日に自宅を下見して犯行に至ったものである」

罪状は住居侵入・強盗・恐喝というものでした。

「ちょっと待ってくれ」

心のなかで呟きました。2月18日の10日前にも1階風呂場の大きな窓ガラスが割られた事件のことには全く触れられておりません。犯人に前科はなく、暴行の前歴があったようですが、そもそもお金に困っている者がわざわざ埼玉から700キロもの距離を走ってくるものなのでしょうか？　ガソリン代もかかるし、有料道路を使っていればそのお金もかかるわけです。仕事も休まなければなりません。そのことに検察の冒陳は触れていないのです。

ヤクザへの上納金というのもショックでした。冒陳では具体的な組織の名前は出てきませんでしたが、暴力団の構成員ということなのでしょう。暴力団排除の気運が高まっている昨今では上納金を受けている組織まで捜査対象にすべきだと思うのに、そのことにも触れられていません。なんとも消化不良の法廷は続きます。

「自宅には誰もいないと思ったが、2階にいたので驚いた」

被告人質問で彼はそう供述しました。しかし、です。私は自宅のリビングなどの電気を夜間も点《つ》けたままにする習慣になっておりまして、外からは私が不在なのかどうかは分からないのです。

犯人がぶち破ったリビングは電気が点いていたのに、「そんなの関係ない」とばかりにハンマーで窓ガラスを割って侵入し、2階の寝室のドアに鍵をかけて就寝していた私の居場所まで来たわけです。前日から家の近所を見張っていて、誰もいないと思ったとも供述していますが、誰もいないも何も当日の午前3時からフジテレビのスーさんやヨッシーが何度も家を出入りしていたのですから、なんの説得力もありません。

「『カネ、カネを出せ』とは言ったが、『出さないと殺す』というような脅しの言葉を発していないし、被害者の体にも触れていない。これは恐喝未遂・窃盗というものであります」

これはA弁護士の言葉であります。目出し帽の犯人がドアを破って部屋に入ってくる異常な状況で、私が犯人を刺激するような言葉を吐くわけにもいかないし、固まった状態であることは容易に理解できると思うのです。ところが、弁護士は犯人が私に対して脅迫はしていないと持論を述べるばかりでありました。

そりゃあ弁護士はそれが仕事だからなんとか被告人を弁護しなければならないのは分かりますが、さすがに無理があるというものでしょう。

納得できない判決

裁判には犯人の両親が宮城県石巻市から駆けつけておりました。傍聴席に座っていたのがそうでした。証人として母親が傍聴席から出て裁判長と向き合って座り、弁護士からの質問に答えだしました。

「今日いらしたんですか？」

「はい。朝早く家を出て仙台空港から関西空港に飛んで、そこでレンタカーを借りてきました」

「それは大変でしたね」

「いえいえ、親思いの子だと思っていたのですが、このような事件を起こしてしまって被害者には本当に申し訳なく思っております」

弁護士は情状酌量を狙っているわけです。前作でも述べましたが裁判というのは劇場だと思ったほうがいいんです。いかに裁判官にアピールできるのかを訴える側も訴えられた側も演じる場と思って間違いありません。刑事事件でもそうで、単純に正義が採用される場所というわけではありません。

肩を震わせている母親の背中を見るのは忍びないですが、私にとっては腹の立つことでした。29歳で妻子のいる犯人の弁護を母親にさせるのはなんとも情けないことで親不孝者です。私は犯人の両親に対してこれっぽっちも恨みの気持ちなど持っていないのです。育て方が悪かった、みたいなことも思いません。未成年なら親の管理責任が問われることもあるでしょうが、三十前の男がやったことです。自分でケツを拭かなければならないのは当然のことでしょう。

「被害者に損害賠償をしたいと申し上げましたが断られました」

母親が証言しました。

「53万円なら犯人の親が弁償するが、それでどうですか?」

事件後、前述したように弁護士から連絡をいただいておりました。検察が事件直後に作成した被害書類をもとに計算した金額で、そこには慰謝料などは記されておらず、あくまでも窓ガラスとドアの修理見積額が書かれているだけでした。

もしかすると犯人が土地や建物を所有しているかもしれないのです。それを差し押さえて弁償させられる可能性があるにもかかわらず、犯人の情報を得られないままに、

「はい、分かりました」

と、私が同意するはずがありません。裁判では弁護士が犯人には支払う能力がないし、53万円が精一杯だと力説しました。しかし、支払えないという証拠は示しておらず、雰囲気で押し切ろうとする魂胆が見え、単なる法廷戦術であることは明白でした。

結局、検察の求刑は2年6ヵ月で1週間後に判決が下りる日程になり、裁判所の控え室で弁護士に呼ばれて犯人の両親と顔を合わせました。

「私は殺されるかと思ったんです。はずみで殺される可能性もあったのですよ」

「申し訳ございませんでした」

ハンカチを顔に当てて母親は詫びます。それ以上言っても無駄ですので相手側の実家の連絡先を聞いて別れました。何度も言いますが、三十男の責任であって両親の責任ではない。それは強く思っていることです。

求刑から1週間後の4月27日の午前が判決でした。私の予想通りに懲役2年6ヵ月、執行猶予4年という結果になってしまいました。

「もう二度とこのような過ちはしません」

しれっと言っておりますが、本当に改心し、妻子や両親に恩返しをして欲しいと思いました。本来なら慰謝料などを求める損害賠償請求の民事裁判を起こす予定でしたが、「支払い能力がない」と被告側が言い張っているのに嫌気が差してしまい、結局5月末に和解することになりました。

「被告側の財産を調べたらいいですよ」

ヨッシーはそう助言してくれましたが、調べるのにも費用がかかりますし、財産があるのならこんな強盗はしないだろうとの判断で和解を受け入れたのです。結局は向こう側の両親が支払ったと思われる60万円ほどで終わってしまいました。命の危険まで感じた事件が、こんな安い賠償で終わるのも釈然としない思いがあります。

第二章　死ぬまで現役、死ぬまでＳＥＸ

午前様です

人間、目標がなければ老いやすいと言われます。定年で毎日が日曜日になった途端に老け込んでしまう方もいます。趣味に生きがいを見つけられる方は、楽しい日々を送っているケースが多いようです。ですから人間は、是非とも生きがいを見つけなければなりません。

私はそもそも美女とエッチをするのが生きがいですから、それを崩すことはありません。明日は、明後日はどんな美女との出会いが待っているのだろう？　と妄想するだけでハッピーな気持ちになるのです。また、仕事にも定年はありません。私は午前1時か2時には起床して湯船に浸かります。体を温めてその日のスケジュールを考え、3時過ぎには会社に出勤します。つまり、逆・午前様というわけです。

誰も出勤していない会社のシャッターを開けて、社内を掃除しトイレも雑巾で磨き上げます。それから会社の前に置いてある10台近くのタバコやお酒、清涼飲料水の自動販売機の売り上げチェックをします。文句も垂れずに自動販売機は24時間働くのですから凄いものでして、愛《いと》おしくなります。

市内の中心部には他にも10台ほどの自動販売機を置いてありまして、その売り上げを数えるのも楽しいひと時です。

「そんなの社長がやることではないですよ。若い従業員に任せればいいのに」

番頭のマコやんはいつも呆れたような目を向けます。たしかに億単位の不動産取引や貸金業をしていた私が、自動販売機の鍵をジャラジャラ鳴らしているのは不思議に見えるのでしょう。だけど、小銭を手にしたときの「稼いでいる」という充実感を忘れてはいけないと肝に銘じているんです。1円が積み重なっての1億、10億なのですから小銭も大事にしなければいけません。

社長室のデスクで会計担当者の帳簿をチェックし、その日にやらなければいけないことの指示をメモして会計担当のデスクに置けば私の仕事はお終いというわけです。幸いなことに従業員には恵まれておりまして、素直な若い男の子たちに番頭のマコやんがテキパキと指示してくれますので、私が口を出すことはありません。

それでも大きなホテルへ酒の販促をかけるときは私が先頭に立って向こうの社長にお願いしに行くこともあります。ふんぞり返っていては商売は上手くいきません。あくまでも腰を低くして相手のニーズを摑むのが商売のコツです。

サルのオナニー

私の若い時代にはセックスはタブーであり、薄暗さが漂っているものでした。情報は先輩から聞かされるものが全てだったのです。欧米でのフリーセックスの波がやっと日本に押し寄せてきたのは１９６０年代の後半から70年代にかけてのことです。週刊誌のヌードグラビアに股間を膨らませていた時代よりももう少し前が、私の思春期でありました。

ではまず、私の若かった時代のことを語ってみたいと思います。中学時代、まだ筆おろしもしていなかった私は、覚え始めた快感に身を委ねるために暇さえあれば股間に手を伸ばしておりました。彼女もできない若い男が悶々としているときについ股間に手が伸びるのは、しょうがないといいましょうか必然のことであります。

「お前、昨日は何回やったんだ？」

中学時代に、ひとつ年上の宗男先輩から問われることがしばしばありました。先輩は小学生時代から私の性の指南役でありまして、自慰行為も先輩から教わったものです。自慰、オナニー、マスターベーション、センズリなどの言葉がありますが、それに夢中になっていたものです。

「いや、昨日はやっていません」

昨晩も3回続けてやったことなど恥ずかしいので軽くウソをかましました。これも読者諸氏には頷《うなず》いていただける心理でしょう。

「じゃあいいけどな。毎日毎日オナニーばかりしていたらアカンぞ。あのな、オナニーを覚えたサルは止めることができなくて狂って死ぬんだぞ」

「本当ですか？」

顔が引きつったことを今でも思い出します。今はペットといえば犬や猫が常識でありますが、当時はサルを飼っているお宅も珍しいことではありませんでした。悪ガキが通ると、紐でつながれたサルが歯をむき出しにして威嚇《いかく》することもありました。小心者の私は怖くて近づけませんでしたが、サルにエサを与えて可愛がっている家庭もあったのです。私はそのサルを遠巻きにして長い間見ていましたが、オナニーをするような素振りは見せません。

「先輩、あそこのエテ公はやっていないようですよ」

首を傾《かし》げる私に先輩はかかかっと笑って諭《さと》してくれました。

「お前はやっぱりバカだな。全部のサルがそうなったらサルという動物は地球上からいなくなってしまうだろ。オナニーをしないサルだっているんだよ。分かったか。だから人間だって同じだ。闇雲《やみくも》に全員がオナニーばかりしていたら人類は滅亡するんだぞ」

自慰行為が人類滅亡にまで発展するスケールの大きな話に返す言葉が見つからなかったのは言うまでもありません。

「と、なればガマンしなければいけないということですか？」

「そりゃあそうだ。オナニーに染まらなかった人間が生き残って子孫が繁栄してきたんだ。これがダーウィンという学者が言っている進化論だ」

先輩の学校の成績がいいと耳にしたことはありませんでしたが、さらりとダーウィンという名前を出されると浅学菲才《せんがくひさい》の私はひれ伏すしかないのであります。これはセールストークでも活用されていますので要注意です。有名人の言葉を引用されると、話している相手のことが偉く見えてしまう心理と同じことです。

カタカナ英語を使うヤツには気をつけろ

相手の講釈に有名人の名言がちりばめられると信憑《しんぴょう》性が増すという心理は分かっていただけると思います。それを逆手にとって相手を言いくるめるのは詐欺師の典型でありますから、ゆめゆめその術中に嵌《はま》ってはいけません。

「かの○○はこう言っております」

　政治家の講演会などでよく使われるフレーズです。披露宴などでも主賓がよくやる定番でありまして、これを枕詞に使われるとなぜか説得力があるように錯覚してしまうのです。

「なるほど」

　と相槌を打つお客さんがなんと多いことか。どうせ偉人の金言集などを読んで自分に都合の良い箇所をピックアップして喋るテクニックです。逆に言うのならそれを真似れば私のようにたいして知識がない者も立派なプレゼンができるということでもあるわけです。

　これと同じようなテクニックにカタカナ英語をちりばめるというのがあります。2020年の東京五輪開催に向けて最近はこのカタカナ英語が跳梁跋扈《ちょうりょうばっこ》しています。以下は小池百合子都知事の〝迷言〟であります。

「ハード面のレガシーだけでなく、ソフト面のレガシーを構築し、コンセンサスを得て……サスティナブルな東京を構築する……」

　理解できますか？　レガシーって人気があったスバル社製の車名だとばかり思っていた我々世代も多いのではないでしょうか。サスティナブルな社会とは持続可能な社会と訳すようですが、このように言葉の端々に英語や横文字を入れるカタカナ英語使いというのは胡散臭《うさんくさ》いものであります。小池都知事自身は都民ファースト（都民が一番・主役）の代表でありながら、都民が理解するのが難しい言葉を使っているわけでして、これは悪い冗談としか思えないのです。

お笑いのルー大柴さんの「寝耳にウオーター」（寝耳に水）とか「藪からスティック」（藪から棒）そして「人生マウンテンありバレーあり」（人生山あり谷あり）のような英語や、

「うう〜ん、サカナ編にブルーですねぇ」

と、鯖の漢字を説明した長嶋茂雄さんのようであれば笑うことができます。

しかし、小池都知事をはじめとする政治家や知識人がカタカナ英語を使うと、相手を煙に巻いたり、自分を偉く見せたいのだと推測され、マイナスイメージになりかねません。かく言う私もナンパの折には、

「ヘイ、ハッピー・オーラ、ハッピー・エレガント、ハッピー・ナイスボディ、私とエッチしませんか？」

とカタカナ英語を駆使しているのですから胡散臭いオッサンと思われているのも理解しております。ただ、長年使っているキャッチコピーですので（すみません、また

英語を使ってしまいました）条件反射で使ってしまうのです。

ブランド品に固執する滑稽さ

ひと昔前に流行《はや》ったカタカナ英語にブランド品というものがありました。猫も杓《しゃく》子《し》もブランド、ブランドと浮かれていたのです。

「社長の家にはブランド品が沢山あるんでしょ」

よく聞かれる質問でした。

「ウチには立川しかないからね」

「立川？」

「立川のブラインドだよ」

定番のボケであります。遮光《しゃこう》の立川のブラインドというのはかつては有名でしたが、今はそんな話も通じないでしょう。

日本人がブランド品に夢中になったのは、海外渡航が庶民にも自由になった時代以降のことだと思います。

「ちょっと外国に旅行しましてね。これはお土産です」

ジョニ黒やオールドパーなどの洋酒を、帰国した者たちは海外旅行をしたという優越感を滲《にじ》ませて知人たちに配ったものです。

「舶来モノ」

今は死語となった言葉が堂々とまかり通った時代でありまして、ダルマと呼ばれたサントリーオールドのウイスキーを呑むのが精いっぱいの庶民にとって、洋酒は高嶺《たかね》の花どころかまるで金の延べ棒ほどのイメージがあったと思います。洋酒イコール富の象徴と見られていた時代があったとは今の若い人たちには到底理解できますまい。それ以降、日本人はブランド品に固執していきます。

恥ずかしかったのは70年代にパリのルイ・ヴィトン本店に日本人観光客が押し寄せて買い物をしているというニュースに接したときです。喜々としてバッグを漁《あさ》っている様は情けないものがありました。何十年か経った最近、中国人観光客が同じようなことをして当地で顰蹙《ひんしゅく》をかっているというニュースが流れましたが、同じことを日本人旅行者もやっていたのです。

エルメスのスカーフも人気がありました。一枚2万〜3万円のスカーフを私もプレゼントというエサとしてホステスさんたちに何枚も配った記憶があります。随分と高いエサ代だったなあ〜と懐かしく思い出します。

私はブランド品が悪いとは思っていません。しかし見栄でブランド品を身に着けるのにはクビを傾げざるを得ないのです。

京都で男子高校生の修学旅行生たちがお土産屋で買い物をしているのに出くわしたことがありますが、その高校生たちが揃いも揃ってルイ・ヴィトンの長い財布を持っていたのには驚きを通り越して呆れてしまいました。

詰襟の学生服にルイ・ヴィトンの財布はどう考えてもミスマッチであります。背伸びをしたい年頃とはいえ、見栄でブランド品を持つことは恥ずかしいことだと家庭で躾けなければならないと思うのであります。それと同じように通勤の満員電車でエルメスのバーキンやヴィトンのバッグを持っているOLさんを見かけます。

「あのね、そんな高価なブランド品を持っている方はこんな満員電車で通勤する身分ではないんですよ。運転手付きの車の後部座席で優雅に座っている方が持つモノですから」

そう説教を垂れてやりたいのですが、面倒臭いことになりそうなので黙っています。私は見栄を張ることは嫌いだし戒めております。自家用車は何台か持っており、ベンツも昔から愛用しているものの、普段自転車代わりに使っているのは国産の小さな安い車です。

「社長がそんな車に乗っているんですか？」

ガソリンスタンドで知人と会うとよく笑われます。ところどころ凹《へこ》みがあるおんぼろ車ですが、全く気になりません。

「ええ、安全に走ればいいだけの道具ですから、これで充分ですよ」

車にお金を使う方がいるのは知っておりますが、バブルの時代にはウチからカネを借りているのにポルシェを持ってアパート住まいという信じられない現実を目にしたこともあります。食べるものも節約してポルシェにカネをつぎ込む感覚を私は理解できません。きっとポルシェをおかずにして毎晩ゴハンをかき込んでいるのでしょうが、それではまるで漫画です。

見栄を張る人生は止めなさい

大きな指輪や太い金のネックレスを見せびらかす輩《やから》も苦手です。私自身は指輪もしていませんし、ネックレスもしたことはありません。いや、肩こりが治るからと磁気ネックレスはしたことがありますが、効果が見られないので止めました。高級時計は持っておりますが、普段は腕時計もしていません。腹時計で充分なのです。

太ったオバハンが両手にごっつい指輪をしているのを見るのも好きではありません。幾らのダイヤなのかは知りませんが、それは野暮というものでしょう。さりげなく見せるのが本当のおしゃれであって、これ見よがしにしているのは品がありません。まあ、私如きがそんなことを言っても、心も厚化粧のオバハンたちには馬耳東風でしょう。

「靴を見れば生活が分かる」

とは昔から言われていることであります。一流ホテルのドアマンは客の靴を見て上客なのかどうかを判断するそうです。私はその考え方を否定するわけではありませんが、全面的に頷くわけでもありません。これはもしかして靴業界の戦略じゃないでしょうか。バレンタインデーのチョコレート業界とか恵方巻きの海苔やコンビニ業界と同じような雰囲気が漂っています。

一足何十万円の靴を履かなくても綺麗であれば、という程度に考えるのがいいのじゃないでしょうか。日本に靴文化が入ってきたのは明治を過ぎてからです。「二足の草鞋《わらじ》を履く」とか「草鞋を脱ぐ」というように日本人に馴染みだったのは草鞋や下駄であります。欧米の靴屋で日本人の足の形を見た店員たちはびっくりするようです。甲高、幅広が日本人の足の形ですから欧米の恰好のいい靴が入らないのは無理からぬことです。

それと女性のハイヒールも止めたほうがいい。背を高く足を長く見せようとするからでしょうが、あんな窮屈な靴を履いているのは精々アメリカとイギリスの僅かな女性たちであって、ドイツやフランスなどの欧州諸国でハイヒールを履く習慣がないことを知るべきだと思います。かの国ではローヒールやスニーカーっぽい靴で通勤・通学をしているのに、それが日本では知られていません。

就職試験に臨む女子学生たちが黒いリクルートスーツで街を歩いているのを見かけますが、足元がほとんどハイヒールなのは気の毒としか思えません。外反母趾《がいはんぼし》という、足の親指が変形する悩みを抱いている女性も多いと耳にしています。ハイヒールを製造している靴業界を敵に回すわけではありませんが、女性の靴＝ハイヒールという考え方は変えたほうがいいと思うのであります。

このように私は見栄を張る気もありません。稼いだお金は美女とのエッチに使う。この信念で生きてきたのですから物欲で見栄を張る気もないのです。人さまは私のことを資産家と呼んでくださいますが、結果的に運が良かっただけであり、そのことを自覚して美女とのお付き合いにお金を使うことにしているのです。

小百合ちゃんと箱根旅行

人生とはなんだろう？　どうして私は成功できないのだろうか？　幸福になりた

い。何かに救いを求めたい、縋《すが》りたいと若者は苦悩するようです（突き放した言い方ですが、その説明は後ほどいたします）。

今から30年ぐらい前に銀座の高級クラブで小百合ちゃんというホステスに夢中になりました。ヘルプで入っている方ですが、澄み切った大きな瞳で見つめられただけで舞い上がってしまうような、色白のスレンダー美女でした。当時彼女は21歳ぐらいだったと思いますが同伴出勤にも付き合う仲になったのに、どうしても深い関係にはなれません。青山のマンションに一人住まいということは聞いておりましたが、積極的に自分のことを喋る娘ではありませんでした。明るくはしゃぐこともあれば、物憂げな表情を見せることもあるべっぴんさんです。

「お願いがあるんですけど」

同伴前のレストランで切り出されました。借金の申し込みなのかと一瞬ギクリとしましたが平静を装っていました。

「なに？　キミの願いならなんでもきくよ」

惚れた弱みですから頷きました。

「この週末に2泊の旅行に行きませんか？　絶対にこのことは内緒にして欲しいんですけれど」

まるで盆と正月が一緒に来たようなものでして、二つ返事で鼻の下をベローンと伸ばしたのは当然のことであります。目的地は箱根で小百合ちゃんの知人の宿泊施設に付き合ってくれとお願いされました。

スキップをしたいほど浮かれた気持ちで新宿からロマンスカーに乗りました。隣には華やかな小百合ちゃんが座っているので、まるで新婚旅行のような気分に一人で浸っておりました。

週末のロマンスカーには訳アリ風のカップルもちらほらと見えます。

「おっ、キミたちも頑張りなさいよ」

普段はいちゃついているカップルを見ると「早く別れやがれ」と心のなかで呟いていますが、エールを送る余裕もあります。一人５万円という宿泊費も彼女の分も含めて前渡しをしてありますので、温泉に入って、海の幸、山の幸を堪能し、最後に小百合ちゃんを賞味しようというこの数日間片時も離れなかった邪《よこしま》な妄想に、股間の孟《もう》宗竹《そうちく》の成長も著しいものがありました。

「運転手さん、そこの薬局で止めてください」

湯本の駅からタクシーに乗りましたが、直ぐにお願いしました。

「胃腸のクスリを忘れてきたんです。ちょっと待っていて」

小百合ちゃんに囁《ささや》き、そそくさとお店に入りました。別に胃腸が弱いわけではありません。忘れていたのは突撃一番と昔は兵士たちから慕われていたコンドームであります。若い時分に私の財を成してくれた恩のあるコンドームを忘れるとは罰当たりでありまして、私が彼女とのデートにどれだけ舞い上がっていたのか分かろうというものです。

「ああ、良かった。これがないと不安でね」

買う気もなかった胃腸薬のパッケージを見せる姑息《こそく》な芝居も忘れません。

タクシーで向かった先にあったのは豪華な宿舎ではなく、公民館のような建物でした。そこに20人ぐらいの男女が集まっています。若い女性が多く、平均以上のべっぴんさんの集団でした。

「これって、もしかして？」

助平な頭に去来したのは当然のことながら乱交パーティーであります。くんずほぐれつの白兵戦《バトル》をしたことはありませんが、敵前逃亡は重大な軍規違反でありますので鉢巻きをきりっと締めて先頭に立って突撃をするつもりになっていました。しかし、ドラマや映画じゃあるまいし、そんなうまい話がそうそうあるはずがありません。

危ないセミナー

「私の顔を立てて、逆らうことなくセミナーを受けてくださいね」

「セミナー？」

「そう。人生が見違えるようになるし、社長さんにとってもいいことなんですよ。いえ、大手不動産会社の部長さんと申請しておきましたから、そのようにしてくださいね」

中学を出て授業を受けたのは免許証を取るために自動車学校に行った時ぐらいですから苦手であります。

「難しいの？」

「何も難しいことはないの。講師の先生の指導に素直に従えばいいだけだから」

「フーン」

男女別の部屋で用意されていた紺色のスエットの上下に着替えさせられて大広間に行くと、受付があり、番号札を首から下げることになりました。

「何、コレ？　新興宗教の集まり？」

新興宗教にハマったらヤバイというのは世間一般の常識でありますが、幸いなことに私の助平な本性を知っている知人から誘われたことはありません。誘っても無駄だと思われていたのでしょう。

「ううん、違う。心をキレイにし、人生を豊かなものにしてくれるの」

「キミはキレイだから充分でしょ」

「そんなんじゃなくて……。これには選ばれた方しか参加できないのよ。マスコミ関係者には参加を認めていないし、友人や親や親戚にも内緒にすることが参加条件なの」

「随分秘密めいているんだね。じゃあ、ボクは選ばれたというわけ？」

「そう。一緒に研修を受けましょうね」

こんな胡散臭い話は、「アホか」と一蹴するところですが、惚れた小百合ちゃんの手前大人しくしているしかありませんでした。これが当時はほとんど知られていなかった自己啓発セミナーだというのは後に知ったことであります。自己啓発という言葉すらなかった80年代半ばすぎのことです。

人生の悩みを人前で赤裸々に語り、自分がいかにダメな人間であるのか、小さな電球の光だけの真っ暗にした室内で語らせていくプログラムや、難破したボートに5人しか乗れないのに、7人がいるときに誰がボートに乗れなくなるのかを話し合わせるプログラムなどが用意されています。

受講者に睡眠を取らせないようにし、精神的に追い詰めていくやり方は洗脳のイロハであります。

私は偶然にも心理学の先生に知人がおりまして、コレが私と同じでメッチャ助平で気が合い、もっぱら酒場で女を口説く方法を伝授してもらっておりました。助平ですから平山先生とでもしておきましょう。その彼から偶然、ベトナム戦争でアメリカ軍が捕虜を自白させるために開発した洗脳の方法があることを耳にしていたのです。

「相手の精神を破壊させていくのですからこれは非常に危ない手法なんですよ」

「そんなに？」

「マインドコントロールと言われていましてね、相手の心を自由に動かすことができるようになりますので、悪用されたら大変です」

「すると美女の心もコントロールできるってことですか？」

「まあ、そうなりますけれど」

「先生は密かに使っているんじゃないですか？」

「まさか。本当に危ないんですから」

平山先生が危ないと強調していたのが思い出されました。

相手を眠らせず思考をコントロールするやり方はまさに平山先生が言っていた洗脳の手法です。でも私はそれを黙って受けるしかありません。実は講師たちがその様子を見ていて、おメガネにかなうと紹介者のステージが上がっていくシステムになっているのです。ですから小百合ちゃんは私の振る舞いが気になっているわけです。ここで受講を止めてしまったら彼女に迷惑がかかる巧妙なシステムが構築されているのです。

受講者たちは、まあ見事に精神をコントロールされてきて少しのことでも涙を流し始めます。難破船問題では私がターゲットになりました。定員5人の救命ボートに誰が乗れないのかを皆で決め、それに私が当たったのです。

「7番さんは救命ボートに乗れないんです。その時、どのように感じましたか？」

「他の方が助かってくれるだけで私の気持ちは満足しました」

7番というのは私のことです。

「バカ野郎、もともと難破するような船には乗らねえし、オレは絶対に生き残る。ナンパは好きだけどよ」

という本心を隠して誰もが望むような答えをシレッといいます。マインドコントロールのことを少しでも知っていたのが大きな助けになりました。

講師は受講者たちの生き方を最初は責め続けます。受講者に自分の欠点を明らかにさせて、それを他の受講者たちにも責めさせるのです。宗教がかった音楽が静かに流れ、講師はソフトな語り口で受講者たちに接します。

小百合ちゃんとは合体できるどころか手も繋げないままセミナーは終了しました。

結局彼女を口説くことは諦めました。接する度に彼女が別の世界を彷徨《さまよ》っているような気になって怖くなったからです。

実は水商売の方にはセミナーは人気です。目が透き通ったホステスさんにはご注意ください。しかし、ホステスさんでなくても今でも自己啓発のセミナーが若者の間では流行っているようです。なぜ若者なのか？　若者は経験値が少なく自信を持てないので劣等感を強く抱く傾向があります。私のように人生の酸いも甘いも知るオッサンやオバハンにはセミナーはほとんど効力を発しません。

「あんた、なに言うてんの。アホちゃうか。御託《ごたく》を並べんと地道に働きや」

大阪のオバハンなら、直ぐに講師に食ってかかるでしょう。まあ、その前にセミナーに参加することはないでしょうが。

現在では企業が依頼してセミナーを若い社員に受けさせることもあると聞きます。

これは社員を企業に都合よくコントロールしやすく育てるのが目的ですので、即刻中止して欲しいものです。社員がそんなセミナーを受けたくなくても、社命だから逆らうことができないのもおかしな話ですが、それを禁じる法律がないのが困りものです。

霊感商法というのも一時話題になりました。壺や仏像を目の飛び出るような値段で売りつけるというものです。これもホステスさんから何度も勧められたことです。マインドコントロールにかかると善悪の判断がつかなくなり、指導者の意のままに動くことになります。

前述しましたが、幸福になりたい。何かに救いを求めたい、縋《すが》りたいと若者は苦悩するようです。しかし、喜寿《きじゅ》の私にも悩みがありますし、人間と生まれた以上悩みはつきものだと達観しなければノイローゼになってしまいます。ゆめゆめ啓発本に騙されることがないように、そしてセミナーに儲けさせないようにと祈る次第であります。

太陽が黄色く見えた

相当話題が横道に入ってしまいました。そうそう、サルのオナニー問題です。先輩のダーウィンの進化論はもちろんデタラメですが、子供心にはそんなことは分からずただただ尊敬のマナコで頷きました。私は西やんという同級生の悪友と一緒に大阪に出かけて行きました。目的は天王寺の動物園です。お上《のぼ》りさんの如くきょろきょろしながら天王寺駅からそう遠くない動物園を目指しました。

動物園のサル山でサルたちはどのような行動をしているのか？　それを確かめるべく、1時間も我々二人は目を皿のようにしてサル山を凝視していました。

「全然やってないなあ」

「そうやなあ」

西やんも頷きました。

「やっぱりサルにも羞恥心があるのだろうから、木陰に隠れてやっているんじゃないか」

西やんの洞察力は凄いもので、これを勉学に使えば学年ビリを私と争わないで済んだかもしれません。彼も私も通信簿は行進の「おいちに、おいちに」かアヒルが並ぶような「2」の連続なのです。しかし、当時は我々程度のレベルで大学まで進学しようとする者など稀有《けう》でありましたから、義務教育が終わったら稼ぎに出るのが当たり前だと思っていたのです。

今のようにミーちゃんハーちゃんたちが大学へ進学をする時代が来るとは夢にも思わなかったし、成績の悪い者まで大学進学をするなんて馬鹿みたいなことはありませんでした。勉学ができなくとも、違う道があると考える時代でした。

「お前ら何やっているんや？」

暫《しばら》くすると学生服の大きな男が声をかけてきました。すわカツアゲかと体が硬直しましたが、学校をサボって動物園で暇をつぶしているだけの気の優しい高校生でした。

「実は……」

私はおずおずとサルのオナニーを確認しにきたことを喋りました。

「お前らそんなことを信じているのか？」

鼻の下にうっすらと髭《ひげ》が生えている高校生は呆れたように苦笑しました。中学生の私たちにとっては大人に見えます。

「だって中学の先輩がダーウィンの進化論と同じことだって言っていたんですよ」

先輩のことを持ち出しました。

「ダーウィン？」

高校生の目が点になったと思ったら腹を抱えて大笑いをしています。

「そんなことを信じていたのか？　進化論と自慰行為はなんの関係もないんだ。もし関係があったらノーベル賞ものの大発見だ」

「じゃあ、どうしてそう言われているんですか？」

「それはな、若者がオナニーばかりに夢中になってしまって勉強に身が入らないのを戒《いまし》めるために大人たちが考えたんだろう。お前たちも適当にしないとそれこそお天道様が黄色く見えるようになるぞ」

エッチをしすぎるとお天道様が黄色く見えるというのも当時言われていた都市伝説です。後日談ではありますが、私がコンドームの訪問販売をしていた20代のころ、実演販売を強請《ねだ》る農家のオバハンを相手にダブルヘッダーを一日に2試合やったことがあります。腰がふらふらして精力をすっかり吸い取られた感覚になった私は、そのとき初めて太陽が黄色く見えたように感じたことを今でも思い出します。

さて、サルの問題は片付きましたが、オナニーをしすぎるのは体に良くないという観念はその後ずっと信じられていたようですし、今でもそう思い込んでせっせと溜め込んでいる方もおられるようです。

私も50歳ぐらいまでは、溜めておかないといざ決戦になった場合に用無しになってしまうという強迫観念を持っておりました。ところが、それは全くのウソだと現在の私は断言できるばかりか、逆に若さを失うことになるとすら思っているのです。

赤玉ポンの真偽

「あのな、人間が一生に出せる精液の量というのは決まっているんや。最後には赤い玉がポンと出て終わりってな」

まるで見てきたような話は後輩たちに受け継がれ、誰もがそれに疑問を持たなかったのが今考えると不思議であります。しかし、歳を取った私の周りで、

「オレは赤い玉が出たからもうお終いだ」

と名乗る仲間は一人もおりません。せいぜい血尿が出たと慌てているぐらいのものです。

「おしっこから石が出たよ」

友人から白い石が出たという武勇伝は耳にしましたが、それは尿管結石の石であって、やはり赤玉は聞いたことはありません。

21世紀の今、赤玉ポンの伝説を未だに信じている方はよもやいないことでしょう。しかし、闇雲に放出するのは良くないと考えている方はまだまだ多いようです。

「無闇《むやみ》にオナニーをするんじゃないぞ」

前述したように天王寺の動物園で高校生からもそう聞いていたのです。いざ美女と一戦を交える際に、愚息が元気でなければならないから放出するのはほどほどにしなさい、という考え方です。

昔だったら銀行にお金を預けていれば利子が生まれましたが、今では貯め込んでいても利子なんぞ微々たるものであり、盗難防止のために銀行預金をしている方がほとんどでしょう。それと同じかどうかは些《いささ》か心もとないのですが、精力を溜め込むことは控えたほうがいいというのが私の持論であります。

「稽古はウソをつかない」

と相撲界でも言われるように、不肖の息子には適度に稽古をつけてやらねばなりません。息子がさび付けば単なるしわくちゃの排泄器官となるだけです。私の経験上、このことを守っていただければ60代でも70代でも交戦可能になるはずであります。

若き日の機関銃を連射するような勢いは失っていますが、三八《さんぱち》式歩兵銃くらいの威力はまだまだ発揮できると自負しています。

「養生訓」はぶっ飛ばせ

しかし、赤玉伝説はなぜ長い間信じられてきたのでしょうか？　これは江戸時代の貝原益軒《かいばらえきけん》が説いた「養生訓」の影響が大だと思います。「接して漏らさず」という文句で有名なのが養生訓です。簡単に言うなら無闇に精を放出してはいけませんよ、という教えです。その教えが綿々と引き継がれてきたのではないでしょうか。

昭和の時代に女性との親密度のＡＢＣＤというのがありました。ＡがキスでＢがペッティング、そしてＣがセックスでＤは妊娠というやつでありまして、今はそんな隠語も使われなくなったようです。「養生訓」が推奨しているのは多分Ｂのペッティングのことなのでしょう。

たしかにのべつまくなしに出していると、いざ鎌倉のときに頑張ることができないという不安を抱く方もいることでしょう。しかし、です。日々鍛錬していないと鎌倉へもはせ参じることはできないのです。77歳でバイアグラのお世話にもなっていない私が断言するのですから説得力はあると確信しております。パチンコ屋の謳《うた》い文句のようにジャンジャンバリバリと放出しても赤玉ポンにはなりません。それより普段の準備をしておかないと不肖のムスコは言うことを聞かなくなります。可愛いムスコには旅をさせろ、と言うじゃあないですか。

ウタマロ伝説

日本、いや全世界には巨根信仰があります。これも都市伝説の一種でしょうか。

「お前チンチンでかいなぁ〜」

銭湯で近所のジイさんに褒められている同年配のガキに羨望の眼差しを向けていたことを思い出します。

「こりゃあ将来女を泣かすぞ」

深くは分かりませんでしたが、大きなチンチンが女性に喜ばれるというふうに幼い私でも理解したように覚えております。当時はチンチンがでかいことが男性のステータスだったのです（今もそうかもしれませんが）。

日本には古くから道祖神信仰があって、大きなマラが尊ばれる歴史があり、そのDNAが脈々と受け継がれているのでしょう。てかてかに光っている立派なマラをさすると子宝に恵まれるとされる神社も全国的に多いようで、うら若き新婚のお嬢さんが子宝を授かるのを願ってマラをさすっているのを見るのは微笑ましいものです。

「あらぁ〜、立派よねぇ〜」

オバハンたちがガハハハと笑いながらさするのも面白いものです。

「そりゃあ、あんたの旦那のイチモツよりでかいだろうよ」

茶々を入れたいのですが、「ほんなら、あんたはどれだけなの？」と反撃されそうなので黙っているしかありません。人さまに誇れるような愚息は持っていないのですからしょうがありません。

1960年代の後半にやっと手に入れたご禁制の洋物ポルノ雑誌を部屋で開いた私の目が点になったのは、巨チンにでありました。ビール瓶のようなモノが股間にぶら下がっている男性もいます。

「まるで馬だ」

ため息がでました。

60年代にはまだ馬が荷役として道路を歩いているのは珍しくありませんでした。道路に落とした馬糞が風に吹かれて臭いが鼻についた時代です。

「馬並み」というのは褒め言葉として使われていまして、思春期の男どもは誰もが馬に憧れていたように感じます。

「馬並みクン」

余談ですが、若いときの友人に馬並みクンと呼んでいた友達がおりました。本当の苗字は「山並」なのですが、誰彼となく「馬並みクン」と呼ぶようになったのです。

柔道をやっていたとかで体も大きく、デカい大きな鼻がドンと鎮座している四角い顔のいかつい容貌ですが、笑うと目がなくなってしまうような人が好い男でありました。

「もう、馬並みはやめてくださいよ〜」

「だって、鼻も立派だから大きいんだろ」

大きな鼻はあそこに比例していると信じられていた時代でもありました。

「そんなことないっすって。皆さんと同じ程度ですから」

「いやいや、女というのは大きさに過敏に反応するっていうからさ。『オレは別名馬並みです』ってアピールすれば引っかかる女がいるかもしれないよ」

「でも、事にいたってから『詐欺だ』って文句言われるのが目に見えていますからねえ。太平洋でゴボウを洗うようだったら不幸でしょ」

あくまでも謙虚な山並クンは後に結婚しましたが、奥さんが太平洋なのか地中海なのかそれともスエズ運河なのかは聞いておりません。

さて、話を戻しましょう。馬の交配を見たことがありますが、いざ挿入というときになって他の馬に座を奪われてしまうという場面にもでくわしました。牡馬《ぼば》が牝馬《ひんば》と事を成すためにいちゃつき、「さあ、行くぞ」と鼻息を荒くしたときに「いやいや、ご苦労さん。御用は済んだから」と別の馬に代わられるのを「当て馬」と呼びます。人間にたとえると、狙ったお姉ちゃんを口説き倒して「しょうがないねえ。さあ、どうぞ」と了解を得たのに「はい、そこまで～」とストップをかけられて他の男がお姉ちゃんに乗っちゃったということです。

「そんな理不尽な」

当て馬が人間の言葉を喋れるなら、こう呟いたことでしょう。血統云々のことがあって当て馬が使われるようですが、子供心に可哀想だと思ったことを思い出します。

「豚のあそこはスクリューのようになっていて、ねじるようにするんだ」

「ヤギやニワトリはアッと言う間に終わってしまう」

先輩たちは動物の交わりを面白おかしく教えてくれました。馬も牛もヤギもニワトリも身近な存在だったのです。

当時は日本の高度成長の時代ですから、イケイケドンドンの社会でもありました。この頃のことですが「大きい事はいいことだ」というチョコレートのCMが流行りまして、誰もが大きい＝善と思っていたのです。当然それは股間のイチモツにも反映しまして巨根に憧れを持つ男どもがほとんどだったわけです。今考えると不思議ですが、それが世の流れというものでしょう。

日本が誇る春画を思い出してください。アレを見た欧米人たちはウタマロと呼んで驚嘆したと聞きます。それで日本人＝巨根と勝手に思い込んでくれたわけです。ところが実際は、

「ウタマロ、ウソ〜」

フィリピンパブでホステスさんから何度も聞かされたフレーズでありまして、ウタマロはデフォルメだったワケです。デフォルメを勝手に欧米諸国の方々が信じていたということです。同じように洋物ポルノ雑誌に登場していた男性モデルもデカいサイズの方が選ばれていただけで、全員が巨根というわけではもちろんありません。

私も若い時分にはサウナが好きでよく通っておりまして、欧米人とも一緒に汗を流しましたが、驚くようなイチモツに出会ったのは数えるほどしかありません。ただ膝近くまでヒョロヒョロとしたイチモツが垂れていたのを見た時にはさすがに驚きました。ウインナーソーセージのような細さのイチモツがダラ〜ンとぶら下がっているのです。足が3本というのは誇張しすぎですが、そう言ってもいいような長さでした。

しかし、イチモツが活躍するのは戦闘状態になったときであります。普段幾らデカいといっても屹立《きつりつ》しなければ宝の持ち腐れです。

「あのねえ、ウタマロじゃなくてもいいのよ。要は雰囲気だから」

銀座のホステスさんとの下ネタトークで盛り上がるのはチンチンの三大要素であります。

「『長い、太い、硬い』のなかで一番大事なモノはなに？」

多くのホステスさんに訊きました。

「そりゃあ、全部でしょう？」

とのたまう欲張りのホステスさんもおりましたが、「硬いが一番かな？」というのが90％以上でした。日常の暮らしと一緒で公務員とか銀行員のような堅い方というのは好かれるようです。もちろん、これは昔の話でありまして、堅いはずの銀行も潰れる時代なのですから笑ってしまいます。

「大きさなんて関係ないのよ。愛情があればいいんだから。で、硬ければOKよ」

晴美ちゃんは百戦錬磨のベテランホステスですが、欧米の男性ともバトルを繰り広げたといいます。

「大きいけれどまるで柔らかなソーセージのようで、なんか足りない気分になるの」

「ほう、そうですか？」

嬉しい御託宣《ごたくせん》ではありませんか。

「このチビが」

子供のころは何度もケンカになると言われました。

「うるせえ、デブ野郎が何言ってるんだ」

売り言葉に買い言葉です。

「この短小包茎が」

罵詈雑言《ばりぞうごん》の嵐のなかで一番堪《こた》えるのがこのフレーズでして、「ご明察」ですから返す言葉に詰まったものです。しかし、思春期に味わった苦い思い出も今となっては笑い飛ばすことができるのです。

山椒《さんしょう》は小粒でもぴりりと辛《から》いと言われています。チンチンが多少小さくても臆することはありません。

「日本人の膨張率はナンバーワン」

このように褒めてくださった外国人ホステスさんもおりました。お世辞なのかもしれませんが、励みの言葉になっております。要は自信を持ってバトルに励むのが大事だと今では達観しているのです。

ハ・メ・マラの伝説

「人間歳を取るとな、『歯・目・マラ』の順番で悪くなってくるんや。気ぃつけな」

若い時分に年配者からよく聞かされていたフレーズでありまして、当時は右の耳から左にそのまま流れていったものです。若さというのは凄いものでありまして、なんの保証もないのに未来永劫この健康は続くものだと信じている仲間が多かったし、当然自分もその一人だったわけです。

しかし、私のように50代で軽度の脳梗塞となり、タクシーに轢《ひ》かれて重傷を負った身からすると、健康というものが本当に大事だと思うようになりました。

古来から言うように果たして『歯・目・マラ』の順で悪くなるのでしょうか。人生を長く生きてきた私の見解を述べさせていただきたいと思います。

芸能人でなくとも歯は大事

で、まず歯です。我々は団塊の世代より少し上の戦前生まれの世代ですので、粗食に耐えて頑張ってきたわけです。ですからチョコレートやケーキのような御馳走を目にしたことも食べたこともなかった。だからというわけではないのですが、虫歯の仲間は団塊世代よりも少ない気がします。まだ50年代は貧しさが残っており、「貧乏人は麦を食え」という池田勇人蔵相（後に首相）のトンデモ発言が出たのもこの頃でありました。

まさかそれから半世紀後に日本人が米を食べようとしなくなるとは誰も想像していなかったのでありまして、かく言う私もなるたけ糖質制限をしようと心がけています。怖いのは糖尿病であります。糖尿病は生活習慣病ですので、常日頃注意して肥満にならないように気をつけておりますが、なかなか簡単ではないのは皆さんも感じていることでしょう。

遺伝による糖尿病もあるようですが、日々の生活習慣で糖尿病にならないようにと考えております。糖尿病が進むと失明したり、壊疽《えそ》になり手足の切断という悲惨なことになりますし、何よりも股間の大事な息子がしおらしくなって単なる排泄器官に成り下がってしまいますので注意が必要なのは言うまでもありません。腹八分目といいますか、三食キチンと食事を摂る必要はありません。お腹が空いたと感じたときに腹八分目を食する。そして適度な運動を心がける。私の場合はベッドの上の運動がそれに当たっているのだと勝手に解釈しております。

70年代にはもう飽食の時代となっておりました。それこそ誕生日パーティをガキが家庭で催すのも流行ったものです。ケーキや甘いお菓子は食べ放題の時代ですから虫歯の率は高くなったのでしょう。

かつてはオバチャンたちがガハハと笑うと必ず金歯、銀歯の方がいたものです。無論オッサンたちも同じでして、獅子舞じゃあるまいし、笑うと金歯がピカッとするのが異様だと感じなかった時期が長く続いたのです。

「金歯を入れられるからあの人はお金持ちだ」

今では信じられないような会話も交わされておりました。

しかし、今時分、

「先生、金歯にしてください」

と歯医者さんで要求する奇特な方はいないだろうし、歯医者も金歯、銀歯を被せることはなくなったと思います。

歯が大事なのは当たり前ですが、歯槽膿漏《しそうのうろう》でポロポロと歯が抜けてしまう方も少なくありません。そのため年配者には前歯を欠けたままにしている方を多く見かけます。欠損した場所に歯を入れないとやがて顎の形が変形し、人相が変わってしまいますし、かみ合わせの不備で頭痛が起きるとも耳にします。

私はそれを防ぐために差し歯をしていましたし、その後は部分入れ歯も試しました。しかし、しっくりとはしません。

歯医者にもセカンドオピニオンを

テレビでは入れ歯の不具合についての補助剤のCMが多く流れておりますが、技術のいい歯医者と出会わないと悲惨なことになります。私もその一人でした。どうしても活舌《かつぜつ》が悪くなったり、モノの味すら分からなくなって食欲もなくなってくることもありました。

そんな時に初めて行った大学の付属歯科で先生に勧められたのがインプラントでした。インプラントという技術が日本に入ってきた直後にやってもらいました。具合は悪くありませんが、保険が効かないので1本50万円というのは庶民にとっては躊躇してしまう値段であります。現在は随分と安くなってきているようですが、それでも20万円以上はすると聞きます。しかし、インプラントができる歯とできない歯があることは知られていないようです。インプラントは儲かるので悪徳歯医者は「インプラントにしましょう」と勧めますが、歯医者もセカンドオピニオンを訊くぐらいの心構えがないと、不具合で泣いてしまうことがありますので要注意です。

私もいろいろな歯医者をハシゴしました。といいますのも歯科衛生士さんに惹かれるんです。同じ医療に従事しているのに看護師さんと比較して歯科衛生士さんのほうにべっぴんさんが多いと感じるのは私だけでしょうか？　まあ、歯科というのは命に関係がある病気は少ないので、深刻な病人が来る看護師さんよりも気楽で働きやすいと思う女性もいるでしょう。

受付で病院長の歯科医の隙を狙って歯科衛生士さんをナンパするのは私にとって挨拶を交わすのと同じくらいのことですので、楽しみでもあります。歯科医にバレてレッドカードを突きつけられたこともありますが、そんなことは気にしません。コンビニの数より歯科医の数のほうが多いというのですから、活動する場所は星の数ほどあります。皆さんもトライしてみてください。案外成功するものです。

視力の良さと審美眼

「社長は目のほうは大丈夫なんですか？」

仕事で付き合いのある40代半ばの倉さんが訊きます。

「頭はダメだけど、目はいいんです」

学生時代からメガネのお世話になっている倉さんは、メガネをしていない私が羨ましそうです。いや、私だって若いときにはメガネをかけて賢く見せたい願望があったのですが。

「なにか秘訣があるんですか？」

「本はなるべく読まないでパソコンものぞかないんですよ。きれいなお姉ちゃんを見るときだけ目を動かすんです」

「また〜、冗談を」

いえいえ、冗談ではありません。高級クラブで初めてのホステスが席に着くとスーツの胸ポケットからメガネを取り出します。

「おっと、おメガネに適《かな》うってこうゆうことなんやねえ」

鉄板のルーティンワークでありまして、褒めたホステスさんと仲良くなれる確率が高いのです。しかしですね。いくら目がよくても首を傾《かし》げることがあります。

「ほら、あんないい男があんな女といちゃついているじゃないか」

銀座で向こうから歩いてくるカップルを見て倉さんに囁きました。その反対に誰もが振り向くような絶世の美女が、ハゲて太った男と親しそうに歩いている場面にも遭遇します。

「一体全体、選球眼はどないなっとんや」

倉さんの毒舌に私も同感でありまして、世の中には美男美女のカップルが意外に少ないのは不思議な事実であります。かく言う私も時々人が振り返るようなべっぴんさんとニヤけた顔をして銀ブラをしているのですから、説得力はないかもしれません。すれ違った男どもが怪訝《けげん》な顔をしていることは何度もありました。

「よし、勝った」

向こう側から来るカップルの女性を見て、自分のお相手のほうが優《まさ》っているとジャッジし、その度に心のなかで快哉《かいさい》を叫んでいます。それにしても審美眼とは人それぞれだなと感じます。まあ、そうでなかったらカップルがこんなに誕生することはなく、あぶれる者が多いはずですが、なんとか上手く回っているのがこの世の中です。

私は目がいいと自負しておりますが、それでも40代後半には視力が落ちたと感じることも多くなってきました。

「近視と乱視が混ざっていますね」

眼科の先生はそう断定して、メガネを勧めます。しかし、「はい、そうですか」とメガネに頼るとずっとメガネのお世話になってしまいます。重篤《じゅうとく》な目の病気ではなかったので私はそのまま眼科を後にしました。ストレスや疲労などによって視力は簡単に落ちるものです。そんな時は海辺に行き、1時間ほど景色を愛《め》でるようにしていました。大海原の水平線にポツンポツンと浮かぶ貨物船や、漁船を眺め、海岸線の山々の緑を眺めます。これを2~3日続けるだけで、視力が回復するのは本当のことですので、是非とも皆さんにも試していただきたいです。

女性の眼が狂うとき

視力のついでに少々若い女性の眼について論じてみたいと思います。といいますのも若い女性というのは狂った審美眼を持つ時期があります。若かった頃の私はモテませんでした。いや、正確に言うならば今もモテません。モテているのは私の財布であります。

「オレと付き合おうよ」

意を決して打ち明けた思い出はどなたもお持ちだと思います。心臓が高鳴り、体が震える思いをしてもすげなく断られてしまう。「ああ、オレの人生も終わりだ」と落ち込んだことも今となっては笑って思い出せます。

今考えると「付き合おう」なんて言葉を吐くことは必要ありませんでした。結婚を申し込んでいるわけではないのですからオレの女になれ、という観念がおかしいことに気づくはずです。楽しくお喋りしたり、遊園地に行ったりしていればいいんですから改めて交際宣言をするなど愚の骨頂です。

それにしてもどうして若い女のコの眼は悪いのでしょうか。狙っている女の子の多くが街の不良のような男どもに流れていくのです。

「あんな男のどこがいい？」

「ちょっと危ない感じがいいの」

何度このセリフを耳にしたものでしょうか。男性から見ると絶対に選ばないような男たちを10代の女性たちが追いかけるのは理解しがたいものがあります。

いわゆるヤンキー系の女性たちは「危ない系の男」に引っかかり、できちゃった後で別れてしまって母子家庭の道を進むパターンが多いと思いませんか。あなたの周りにもそんな女性がいるのではないでしょうか？

「いやいや、あいつは止《よ》したほうがいいよ」

そうアドバイスをしても聞く耳を持たないのでありまして、ずぶずぶと泥沼に自ら入り込むんですから救いようがありません。自爆というやつであります。

「昔はやんちゃをしていましてね」

このように自慢げにカミングアウトする芸能人・有名人が多くなってきたように思います。どれだけやんちゃをしたのか分かりませんが、誰かを傷つけたり、いじめたりしたこともあるのでしょう。冗談じゃありません。やられた側は心の傷となっている場合が多いことに気を回さず、「やんちゃしていました」は即刻退場のレッドカードじゃないでしょうか。こんな男たちに夢中になるのですから信じがたいことであります。

自分の選んだパートナーと喧嘩を繰り広げ、「こんなはずではなかった」と愚痴をこぼす女性も少なくありません。「いやいや、そんなはずでしたよ」と諫《いさ》めても後の祭りというものです。

「人を色眼鏡で見る」という言葉がありますが、是非とも「危ない系の男」好きの女性には真実が見える眼鏡をメガネ屋さんは売りつけて欲しいものです。

マラは日々の鍛錬がものをいう

さて、ハ・メ・マラですから、順番からいうとマラになりますが、コレは前作でも述べたように「可愛い子には旅をさせよ」「普段の鍛錬が大事」に尽きます。つまり、使用しないと衰えていくのです。

「社長はシワがありませんね」

おべっかなのでしょうが、顔がつるんとしているので、よく言われます。

「脳ミソと一緒でシワがないんです。でもあそこはシワだらけですから」

お決まりのように返事をしておりますが、私の顔にシワが少ないのはお風呂が好きなのも関係があるような気がします。多いときは早朝、昼過ぎ、そして夕方と日に3回も風呂に浸かっているのです。近くの白浜には温泉も多く、暇をみつけては温泉にも入っております。

若い時分はサウナに嵌《はま》っておりまして、よせばいいのに自宅にもサウナを造りました。しかし、心臓に刺激が大きいので最近は利用することもなく、物置になっております。

私はお風呂から上がるときに冷水をあそこにかけるのが習慣になっております。金冷法と言われているようですが、これも充分に効果があるのではないかと信じております。

「オレはもうダメだ」

このように思うのが一番よくありません。病は気からと申しますが、自分自身に自信を持つことが大事です。誰だって体調が悪いときはあります。ストレスが溜まっているときもあるわけです。今日できなかったからと自分を責めることもよくない。次には大丈夫なんだと軽く考えるのも効果があります。ともあれ、助平心を忘れない。コレが私の結論であります。

ナンパのススメ

「ハッピー・オーラ、ハッピー・エレガント、ハッピー・ナイスボディ、あなたとデートしたい、エッチしたい」

これが私のナンパの定番台詞です。気に入った娘に声をかけて親しくなるのは全然悪いことではありません。イタリアではそうやって声をかけるのがエチケットみたいになっているじゃないですか。

「今日はいいお天気ですね。お茶でもしませんか？」

でもいいんです。笑って気さくに声をかければいいだけのことです。断られるのは想定内のことでして、相手がＯＫと答えてくれたらめっけもの、と割り切ればいいだけのことです。

何度も記しておりますが、高貴で上品そうなべっぴんさんとは何度もこの方法で仲良くなることができました。ナンパで一番いけないのは例えば新幹線で隣に座った女性に対して、迷ってから声をかけることです。直ぐに挨拶して褒めまくるのがスマートなやり方です。相手が無視したらしたでいいじゃないですか。断られたら恥ずかしいという気持ちは捨てることです。断られるのが当たり前と思ったら気が楽になります。なにより1円も要らないんです。

「あっ、これはダメだな」

会ってお話をしてみてフィーリングが合わないと感じる場合もあります。しかし、ここで種イモとなってくれれば別の彼女との出会いが開けるかもしれません。すべてをポジティブに考えたほうがハッピーでいられます。

若さを保つ食べ物

「若さを保つためには何を食べればいいですか？」

よく聞かれる質問であります。

「そりゃあ、べっぴんさんをもりもりと食べることです」

親しい友人たちには決まってそのように答えますが、たいして知らない方にそう答えたら変人になってしまいます。

「まあ、お肉を食べることですかね」

最近は長寿の方に肉食が多いことが知られております。私もお肉は好きでして、しゃぶしゃぶもすき焼きもステーキも食べます。

「社長、凄い食欲ですねえ」

番頭のマコやんは私が一度に300gのステーキをペロリと食べるのを見て驚いています。

そして必ずビールの中ジョッキをグビリとやります。昼食が一番重く、そこにビールは欠かせません。毎日大瓶1本か2本を飲んでいます。仕事終わりが昼ですから一杯飲んでからの昼寝はストレスの解消にもつながります。

食事と睡眠。これがうまくいけば夜のほうもばっちりなわけでして、何度も言いますが「バイアグラ」は使用したことはありませんし、おもちゃもありません。健康のために「カイコ冬虫夏草」という日本製の健康食品をネットで購入しています。カイコのパワーを冬虫夏草に取り込んだもので岩手大学で研究・開発されたものです。あの中国の歴代皇帝たちが愛飲していた冬虫夏草は不老不死の薬として珍重されていたようですが、それをアレンジしたものです。不老不死のほかにも精力効果や認知症改善効果があると言われているようです。それと「セサミン」も愛飲しています。これらが効果をもたらしてくれているのかは定かではありません。うなぎも頻繁に食べていますが、いかにも精力がつくと言われているすっぽんは食べません。

最高に若返る命の水

私はウスケボー、ウスキボーとも呼んでいますが、ウイスキーの呼び名の元になったウスケボーは命の水と訳されて欧州では古くから親しまれているようです。ウイスキーなどのアルコールが命の水と呼ばれていたのです。お神酒《みき》みたいなものでしょうか。

私にとっての命の水とは若いべっぴんさんの谷間からコンコンと溢れ出てくる愛液のことを指します。それを猫がミルクを舐めるように、舐めて舐めて舐めまくる。これが元気になる秘訣ではないでしょうか。

これも人それぞれでして、愛液の少ない方がいるかと思うと、シーツをびしょびしょにしてしまう「おもらし系」の方もいます。嬌声を張り上げて噴水のように噴き上げて下さる方がやはり嬉しいものです。

また、今日はどんな娘とエッチができるのだろう、明日はどんな娘との出会いがあるのだろうとか、前に食事をしたべっぴんさんを今度は口説けるだろうか？　と考えることが若さに繋がっている気がします。

「ウチには古女房がいるから……」

悲観することはないのです。奥さんがいて幸せだったらそれでいいじゃないですか。贅沢を言っちゃあいけません。しかし、「遊びたい」という気持ちがあるうちは若さを取り戻すことは可能です。

草食系男子が増えていることが問題になっておりますが、いい傾向じゃないですか。団塊世代の肉食系の方々、街には肉食女子たちが跋扈《ばっこ》していますので狩りにいかなければ損ですよ。頑張ろうじゃあないですか。

人間ドック

最後は病院での検査についてです。助平ができるのも健康であるからです。クスリをのむと思って私の話を聴いてください。

「人間ドックはいかがですか？」

「はあ、なんですかそれ？　人間の顔した犬のことですか？」

「いえいえ、船を修理するドックのように人間の体をチェックしようとするもので、それを人間ドックと呼んでいます」

体調を崩した50代後半に築地の聖路加国際病院にお世話になっておりました。そこで病院の先生から人間ドックを受けることを勧められたのです。当時は人間ドックという言葉はそれほど知られておらず、定期健康診断と呼ばれていたのです。

無茶をしていて不死身だと自分のことを信じていた時代がありました。高カロリーの食事を摂り、野菜などには見向きもしなかった暴飲暴食の日々でした。毎晩高級クラブに通って酒と女の日々を過ごしていた私が脳梗塞で倒れて九死に一生を得たことは前作に詳しく記しております。

「野崎さんは成人病です」

「なんですか？　それ？」

成人と言われても咄嗟《とっさ》にはピンクの成人映画しか思い浮かばない時代の人間ですから、ピンとこないのはいたしかたありません。しかし、日本語とは凄いものでして同音のセイジンには聖人もあるしオッパイ星人も同じセイジンです。

「成人になればかかる病気ですか？」

「いやいや、日々の生活で蓄積された習慣が病気となって出てくるのが成人病と呼ばれるものです」

先生は優しくおっしゃってくださいました。成人病は97年ごろから生活習慣病という名前に変わってきたようでして、それを提唱したのが聖路加国際病院名誉病院長の日野原重明先生であります。

95年3月に発生したオウム真理教による地下鉄サリン事件では、聖路加病院近くの地下鉄築地駅で多くの被害者が出ました。

「被害者は全員運んでください。ウチの病院が受け付けますから」

日野原先生は病院のスタッフを非常招集して被害者に救いの手を差しのべました。

本来なら消防庁の内規で病床数以上の患者を運べない規則があります。聖路加国際病院は新館を建てた折に「廊下が広すぎて勿体《もったい》ない造りだ」と批判を受けたといいます。

「いや、病室が足りなくなったら廊下も病室にできるようにしているんですよ」

日野原先生はそう答えたそうです。

「廊下を使う事態なんて戦争の時じゃあるまいし……」

そんな批判の声はサリン事件の救急活動ですっかりなくなりました。救急車で運ばれてきた被害者たちは「廊下の病室」で点滴を受けて回復に向かったというわけです。一分一秒を争うサリンの被害者たちの相当数を救ったことはあまり知られておりません。

先生は後に講演会でこのように述べておられます。

「何事も今ある規則の通りにやっていたのでは進歩はない。規則を破るようなことをやらないと現状はなかなか変わらない。規則を破ったとしても皆が応援するような破り方をすればよい。そうすれば新しい良い規則がずっと早く出来る」

正しくその通りであります。

「ウチは規則上、もうこれ以上患者を受け入れることができない」

サリン患者がどんどん運ばれている緊急時にそう言うこともできたのです。しかし、先生はそうはしなかった。公務員に多いのが杓子定規にモノを言うヤツです。

「それは規則で禁じられておりますから」

彼らがよく使うフレーズであります。しかし、法律というのは法律ありきではなく、人間生活を円滑にするために制定されたことを忘れてはいけません。明治時代に制定された法律には現在とは相いれないものが相当あります。臨機応変に対応していく心を持つ。日野原先生はそう諭《さと》していると思います。

日野原先生との思い出

「野崎さん、お久しぶりですね。お元気そうじゃあないですか」

人間ドックで検査を受けるようになって日野原先生と接するようになり、温かい言葉をよくかけてもらいました。

「お蔭様で毎晩美女とハッスルしています」

というような本音を吐くことはしませんでした。なにしろ神様のような方ですので私も上品にしなければなりません。

「先生こそお元気そうでなによりです」

私よりも30歳も年上ですが、顔色もよくていつもニコニコとしているのが印象的でした。

「野崎さま。今回は立派な南高梅《なんこううめ》を送ってくださいましてありがとうございます。梅は体に良いのでスタッフ一同で嬉しくいただいております。健康にお気をつけて来年のドックで再会できる日を楽しみにしております」

人間ドックが終わって紀州に戻った私は病院にお礼として梅干しを送りました。すると直ぐに日野原先生直筆のお礼状を頂きました。クセのある字ですが、温かみを感じる字体で家宝として大事にしています。私は酒類販売業や不動産業の他に梅干し販売業も経営しております。

紀州は日本一の梅の故郷で、特に南部《みなべ》や田辺がある南紀が一大生産地であります。2月からは各地で梅まつりが行われ、春の気配を求めて関西一円から多数の観光客が詰めかけまして、交通渋滞が起きるのも恒例になるほどです。紅梅・白梅が山裾に咲き乱れる様は一見の価値があります。

南高梅と呼ばれているのは田辺市の北隣の南部町で品種改良されて生まれた品種で

す。高田貞楠《さだぐす》さんという方が明治時代に発見した梅の木を南部高校園芸部が改良したことで、南部高校と高田さんを合わせて南高梅と名付けられました。皮が薄い肉厚の大きな梅干しで日本一と評価されているほど人気があります。

自らが高級な梅干しを購入する機会は少ないものでして、これを贈答品にすると多くの方から感謝の礼状が返ってきます。

梅干しだけではなんですので、別な年には紀州の海産物を送りました。そのときにも丁寧な礼状を送ってくださる律儀な先生でした。

人間ドックの常連客は日野原先生を囲む会に招待され、私も都内のシティ・ホテルでの講演会やパーティに顔を出しておりました。その度に先生は私に声を掛けてくださっていたのです。

2017年の7月には恒例の人間ドックを受けるために5日間聖路加に入院をしておりました。8畳ほどの個室にはベッドがひとつと応接セットが置かれ、大型液晶テレビも置かれています。バスルームも完備していますのでシティ・ホテルのようなものです。

「今日は外出ですよね。あまり羽目を外さないで帰ってきてくださいね」

顔なじみになっているべっぴんの看護師さんに優しく諭されるのはいつものことで

す。隙あらば口説く私に呆れていますが、優しい方々なので怒られることはありません。どっかの助平ジジイなら看護師さんのお尻を撫でたりすることでしょうが、私にそんな単純な趣味がないのを知っているからこそ優しいのです。

病室でガウンをワイシャツに着替えてエレベーターで下に行き、そこでタクシーに乗って銀座4丁目の交差点で下り、銀ブラを楽しむ。これが私の入院中にやることであります。やはり銀座は私の財を成してくれた場所ですから、心の故郷と勝手に思っているのです。

検査を大方終えた最終日にはお酒の許可もでまして、行きつけの天ぷら屋さんのカウンターで海老や若鮎などの好きな具材を堪能することもできました。

それからわずか1週間後の18日に日野原先生の訃報に接して驚きそして落胆しました。私も充分に歳を取っておりますが、それもこれも105歳という日野原先生がいることで心の安定を維持していたのです。

先生に比べればまだまだひよっこみたいなものだ、まだまだ頑張れる。そう思っていただけに心にぽっかりと穴があいたような喪失感に襲われてしまいました。

日野原先生の遺志を継いで死ぬまで健康を維持することが先生への恩返しと信じ、今日も助平なことばかり考えております。一生助平。座右の銘であります。

第三章　私が抱いてきた４０００人の美女たち

交際クラブはどんなところか

「美女4000人に30億円を貢いだ男」——前作の表紙のタイトルにデカデカと記していたにもかかわらず、その出会いについての描写が少なかったことで助平読者が落胆したというネットの書き込みがあるようです。

なぜそのようにしたのか？　私としては『紀州のドン・ファン』を単なる助平本としてではなく、全国津々浦々の家庭に一冊常備していただけるような本にしようと考えていたからです。

というのは冗談ですが、性をもっと明るく話せる社会がくればいいのに、と思っております。読者諸氏を落胆させるわけにはいきません。今作では、私の交遊関係を微に入り細にわたって綴《つづ》っていきたいと思います。

テレクラはダイヤルQ2という携帯電話での出会い系に進化？しました。店に行かなくても女性と会えるという触れ込みですが、人気はないようです。それはサクラが相手であることが知れ渡っているからでしょう。

それと同じようにネットでの出会い系サイトもあります。

「こんな美人があなたと会いたがってます」

「ヒマな美人の人妻があなたを待っています」

歯の浮くような宣伝文句に騙される方は、今時もういないことでしょう。ネットの出会い系サイトでは逆立ちしたって素人の女性はいないのは常識でありますから、人気が出ることはありません。

やはり直《じか》に会ってお話をして気が合ってから、というのが王道の交際ということになります。その意味ではサクラを使わない出会い系の店は究極の出会いの場だったのですが、廃《すた》れてしまったのは残念です。ただ、元文科事務次官の前川喜平さんが、新宿の出会い系バーに行っていたという話題を耳にして驚きました。まだ、やっているお店があったんだ、という意味でです。きっとサクラを使わないお店なのでしょう。

また、居酒屋さんで男性が見知らぬ女性に奢《おご》るシステムの店も出現したようです。これも最初は珍しいので話題を呼んで繁盛したようです。ただ、やはり素人の美人女性客が少ないことでサクラを使うお店が出てしまい、現在は下火のようです。

最近利用しているのは高級交際クラブというものです。皆さん誤解をしているようですので、少々説明いたしましょう。交際クラブとは出会い系のお店の個人版といったものです。会費は100万円のところもありますし、ウン十万円から数万円まで千差万別であります。要は高いところは痒《かゆ》いところまで徹底的にサービスしてくれますが、安いところは値段なりのサービスです。紹介もしないでドロンする業者もあるようですので注意されたほうがいいと思います。

これぱかりはどこの業者がいいというアドバイスはできかねます。複数の交際クラブを利用していた私も痛い目にあっていたのですから、信頼できる業者さんを見つけるのが大事です。

「社長、この娘はいかがですか?」

業者さんには「背が高くてボン・キュッ・ボン」という私の好みがインプットされていますから、新しい女性会員が入って私の好みだと判断すればメールで写真を送ってくださります。まあ、お見合い斡旋所《あっせんじょ》みたいなものと考えてくださればいいのです。私は結婚願望がありますから、その意味において不純ではないのです。一流企業の創立者とか大金持ちの方が会員になっているようですが、詮索《せんさく》することはしません。

業者さんは有名芸能事務所やモデル事務所とパイプを持っているようで、これも詮索しないことにしています。タレントの卵とかモデルさんは東京にはゴロゴロいて、競争が激しく食べていくのも大変だということも知っておりますので、そのような方々が交際クラブに登録しているようです。

入会金以外に紹介される度に紹介料として業者さんに5万円ほど支払います。管理売春に抵触したら大変ですので、業者さんは紹介したら「後はお互いに勝手にどうぞ」というシステムです。

私は複数のクラブと契約をしていますので、頻繁に写真が送られてきます。そこには身長・体重とスリーサイズが記されております。しかし、

「オッ！」

と食指が動くケースはそうないのも事実です。ストライクゾーンが狭いのは今さら直せないのです。キャバクラ店の店頭に飾ってあるような写真を加工したものもあります。

私が契約している交際クラブはそのようなことをしないので好感が持てますが、会ってみて写真と実物が違っていればどうせ客からクレームがきますので、信用問題として質の高い業者さんはそのようなことはしないようです。

会った瞬間に「こりゃあ、ダメだ」と思う娘もおります。そのときは、交通費を負担してバイバイということになります。食事だけしてサヨナラという方も少なくありません。

「事務所の社長からお金持ちと食事をすればお礼が貰えると言われて来たんです」

会ったタレントやモデルの卵さんたちはそうおっしゃいます。最初はお互いに緊張して腹の探り合いですが、飲食を共にすればある程度の性格は分かるというものです。銀座や新地の高級クラブのホステスさんを口説くのには時間も金もかなりかかります。その点、交際クラブはある程度自分の好みどおりのべっぴんさんと最初から会えますので、無駄な時間も金も省くことができます。

やっぱり、お相手が素人さんというのが最大の魅力でしょうか。まあ、なかにはホステスさんと兼務している方もおりますし、私が勝手に素人だと思い込んでいる可能性もありますが、人生って騙し騙されるから面白いんだ、と割り切っております。

私が出会った4000人の美女のなかで特に思い出に残っている美女たちをご紹介しましょう。

長者番付と寝る女

「お金持ちになるにはどうしたらいいと思う？」

「そりゃあ、額に汗してあそこにも汗をかかなければならないよ」

下ネタを軽く混ぜて銀座の売れっ子ホステスの唯ちゃんを口説こうとする姑息な作

戦を取りました。彼女目当てに相当の授業料を払っているんです。

「あのね、ＦＸとかで巨万の富を摑んでいる時代に額に汗って時代遅れじゃない？」

唯ちゃんは現代っ子ですから簡単にお金を儲けることしか頭にないようです。大きな体はピチピチで胸も出っ張っておりますが、小利口なタイプで人と打算で付き合うところがあります。

「ＦＸだかサイボーグだか知らないけれど、失敗するのが見え見えだから止めたほうがいいよ」

１９６０年代に額に汗しながら一軒一軒コンドームを訪問販売し、種銭《たねせん》を手にした私がいうのですから間違いありません。種銭がなければ勝負ができないのは常識ですが、唯ちゃんは聞く耳を持っていないようです。

「宝くじに当たったり、わらしべ長者のようなことが起きないかなあ」

「長者ってボクのことじゃないですか」

２００５年までは高額納税者番付を国税庁が発表しておりました。個人情報の最たるものである納税額から住所・氏名まで克明に記載された分厚い本が出ていたのです。これが通称、長者番付であります。

これは金持ちなのに納税額が少ないヤツをあぶり出してやろうとする国税庁の姑息《こそく》

な作戦でありました。

「かつては毎年5月のGWの後には名前の発表があって大迷惑だったんですよね」

本が出ると有象無象《うぞうむぞう》の業者から「コレを買いませんか」と信じられないほどのセールスが来てうるさく、挙げ句には強盗まで来たのですから迷惑なんてもんじゃなかったのです。

「ウソだぁ〜。社長の名前も載っていたの？」

「ウソじゃないですよ。なんなら図書館で調べてみたらどうですか」

余裕をかまして軽く笑いました。

「社長、本当だったんですね。私、見直しました」

猜疑心《さいぎしん》の強い唯ちゃんは図書館で長者番付に私の名前をみつけてひっくり返るほど驚いたと言います。失礼な話ではないですか。こんな小娘に見直されても嬉しくもありませんが、そこは惚れた弱みですから下手《したて》に出るのは本能のままなのです。

今まで断られていたアフターにも付き合ってくれた唯ちゃんの態度は以前とは180度変わっています。

「そんな凄い社長と知り合いってラッキーだよね、って仲間に言われたの」

「そんなたいしたことありませんよ。単なる紀州の助平ジジイですから」

「その謙虚さも素敵だわ」

どうせ同僚からカモネギのジジイだからしゃぶってやれ、とけしかけられたに違いありません。ここはカモネギジジイを演じるのが歳の功というものです。

「そろそろ場所を変えましょうか？」

「えっ？　どこに行くんですか？」

ブリっ子を演じているのを見るのも楽しいものだ、と余裕も生まれています。どうせ彼女も美味しいお土産を期待していることなんぞお見通しなのでありまして、定宿のシティ・ホテルへ向かいました。

「私、そんな女じゃないから……」

常套句でありまして、それを真に受ける恰好を見せます。

「そりゃあ、知っていますよ。冥土の土産としてお付き合いくださいませんか？」

あくまで下手に出るのは鉄則であります。

「う～ん。感じるわ」

大きな胸を弄《まさぐ》ると早くも大きな声を漏らしました。随分と感度のいい女の子なんだなあ、と思ってはいけません。ＡＶ鑑賞が趣味の私からしますと、女の子が本気なのか演技なのかはピンとくるものでして、彼女のそれは興ざめするほど大根役者の演技力です。

それでも彼女の弾けんばかりの若い肢体に愚息の反応が良くなるのは情けないものでして、バトルも後半になり、愚息にお帽子を被せようとしました。私に財をもたらしてくれたコンちゃんです。

「そんなの要らないから。今日は安全日なの。早く来てぇ〜」

「ナマ出しOKなんだ。こりゃあラッキー」

そう思ってはいけません。男にとって一番危険なフレーズが『今日は安全日だから』です。幾多の男がそのセリフに騙されてきました。

「オレの運命は今日決まるんだ」

「どうした？」

その昔、友人の俊ちゃんが青い顔をしていたのを思い出しました。なんでも社内でつまみ食いをした彼女に来るものがないので産婦人科に行っているというのです。

「妊娠していたらケジメをつけなくてはいけないんだ。結婚なんか考えていなかったけど、安全日だからと言われてねえ……」

結果は「ビンゴ」で俊ちゃんは男らしく責任を取ったのです。このように、したくもない結婚をすることになった知人も少なくありません。

「その手は桑名の焼きハマグリだ」

そう心のなかでいいながらコンちゃんをしっかり装着し、唯ちゃんのハマグリを賞味したのであります。

淫乱緞子の帯しめて

下着、パンティのお好きな男性諸氏が多いのは定説でありまして、下着泥棒の嫌疑をかけられた大臣さんを含め、ほとんど病気と思える趣味の方もいます。

お口ぽかんで天然キャラの某女優さんのダブル不倫相手のお医者さんがパンティを被っている写真を見て大笑いしてしまいました。どんなお医者さんごっこで盛り上がっていたのでしょうか。

まるで他人事《ひとごと》のようですが、私だって興味はあります。特に清楚そうで、

「エッチには全く興味がないわ。そんなお下品な」

という女性の下着姿を想像するだけで、股間はピコンピコンと暴れるクンになるのです。

「あれ、お金を落としましたよ」

銀座の喫茶店の隣に腰かけて難しそうな本を読んでいた気品のあるべっぴんさんを何とかナンパしようとした私は、ズボンのポケットから万札を落とす姑息な作戦に成功して仲良くなりました。

都内の有名女子大生の梨乃ちゃんは170センチほどでモデルさんにでもなれそうな美形です。

「いやあ、べっぴんさんですねえ。モデルさんでも通用するんじゃないですか？」

「そんなことないです。お口がお上手ですね」

謙遜しますが、褒められて嫌な女性はいないものです。

「それにしても足が長いですね」

白いパンタロンが長い足を強調しております。

「週末までに政治学原論のレポートを提出しなければならないんです」

後日、やっと居酒屋で向かい合ったのに梨乃ちゃんの頭のなかは授業のことで一杯のようです。

「政治学を勉強するには、まず社会のことを勉強しなければならないですよ」

「そうですよねえ」

中卒の私ですが苦労して東大に通ったと吹いておりました。それをまんまと信じているウブな娘であります。もしバレたら紀州の名勝地、串本町にある本州最南端の潮岬《しおのみさき》の灯台へ通ったと居直るつもりでした。

「庶民が何を考えているのか？　それを知ってから政治に生かさなければ社会は明るくなりませんよ」

酒の勢いもあって我ながら珍しくまともなことを言いました。

「私、付属の女子校ばかりでしたからあまり社会のことを知らないんです」

「そりゃあ、ダメですね。ほら、向こうで盛り上がっているサラリーマンを見なさいよ。何の会話で盛り上がっていると思いますか？」

「会社や上司の悪口ですかね」

「それもありますけれど、川の流れとお話は下《シモ》に下《シモ》にと流れるもので、同僚のAちゃんとか取引相手のBちゃんのウワサで盛り上がっているんです。罪がないじゃないですか」

「まあ〜」

彼女の柳眉《りゅうび》が逆立つのはまだ酒の量がすくないからでしょう。慌てお酒を勧めるのは小狡《こずる》い魂胆であります。

「だって人間の欲望の最たるものが性欲ですよ。大学の授業で習ったでしょ？」

「そんなの習っていません」

「あれ？　最近は教えていないのかなあ」

すっとぼけるのも歳の功です。

「あのね、本能という厄介なものは素直に受け入れる。これが人生です」

勿論、舌先三寸の戯言《ざれごと》でありますが、素直な梨乃ちゃんが感化されていくのは表情でうかがえます。

「キミだってやりたい欲求はあるはずなのに押し隠すのは体に毒でしょ。毒素が溜まると吹き出物も出やすくなりますよ」

「そうなんですか？」

どうやら吹き出物の経験があるようで、顔色が変わります。

「でもまだ私は勉強をしなければならないんです。色恋沙汰はその後ですから」

「いやいや、キミだったら両方同時にできますって」

河岸をかえてホテルの45階にあるＶＩＰフロアに誘います。

「あれ？　あそこにいるのはアメリカの映画スターのトミー・リー・ジョーンズじゃ

ないですか？」

彼女の目が点になっています。ここはＶＩＰの客しか入れないフロアでありまして、壁際にはローストビーフや伊勢海老の丸焼きなどの豪華な料理が並び、それをセルフサービスで自由に賞味できます。またフリードリンクでシャンパンでもワインでもなんでも飲み放題なのです。外国人客が多く、窓からは都内の夜景が宝石箱をひっくり返したように眩《まばゆ》い光を放っており、異次元の世界に梨乃ちゃんが上気しているのが分かります。

「手相を占いましょうか？」

単に彼女の手を握りたいための姑息な提案ですが、女性は占いが大好きですのでまず断られることはありません。私もある程度の知識がありますので、占いは得意です。女性をナンパして親しくなる方法で占いは重要ですので覚えておいて損はありません。当たらなくてもいいんです。相手を丸め込むためのアイテムだと考えることです。

「ほう、なるほど……」

「で、どうなんですか？」

「これは、これは……」

焦《じ》らすのも作戦です。

「私が想像していたよりもキミはエッチなのかもしれませんね」

「そんなことないです！」

むきになって否定するのも可愛いものです。

「あのね、下着の色で助平さが分かるんですよ」

「まさか〜」

「梨乃ちゃんの今日の下着の色は？」

「何色だと思いますか？」

「では賭けをしましょうか。外れたら諭吉クンを何人かプレゼントさせていただきます」

「色が分かるんですか？」

絶対に当てられないと自信を見せています。

「う〜ん、ヒョウ柄のTバックと出ています」

女性を口説くには流れが大切でありまして、彼女がゲームに勝つように仕向けて自然に脱がせるようにしたのです。躊躇している彼女の手を取って部屋に連れ込みました。彼女が笑いながらパンタロンを脱ぐとそこには紫色のTバックが大きなヒップに食い込んでいます。

「これはこれは……。賭けには負けてしまいましたが……」

ご褒美の諭吉クンを渡しながら、じっくりと彼女の下着姿を鑑賞します。

「紫の下着は『淫乱緞子《どんす》の帯しめる』って昔から言われているんですよ。キミが淫乱系とはねぇ〜。こりゃあ、驚きました」

口から出まかせでありまして何の根拠もありません。

「では性事学をしっかりお教えしますからね」

淫乱緞子を脱がして一晩中性事学の講義をしたのは言うまでもありません。

深窓の令嬢は汚い言葉がお好き

「この淫乱メス豚が。男が欲しくて欲しくてしょうがないんだろう」

思っていても面と向かって絶対に言えないフレーズでありまして、やっぱり私のような小心者は相手から嫌われるのが怖いのです。

「私も一度ぐらいそんなことを言われたいなあ」

深窓の令嬢でありながら、時々ティッシュ配りのアルバイトをしていただいている劇団員の瑞希《みずき》ちゃんが意外にも賛同してくれました。水商売の世界にも多いのが、この劇団員の女性たちでありまして、将来の女優さんを目指しているようです。しかし、難しい演劇論などをぶったり、理屈っぽいのでなるべく敬遠していましたが、瑞希ちゃんは敬遠するには惜しいべっぴんさんです。

稽古終わりに誘った新橋の居酒屋で会話が盛り上がります。仕事帰りのサラリーマンたちが彼女をチラ見しているのが愉快で、「どうだい、オレの彼女は美人だろ」と腹のなかで勝ち誇っていました。でもまだ、そういう関係になっていないのが寂しいところであります。

お手伝いさんがいる豪邸に暮らし、乳母日傘《おんばひがさ》で育っているのですから、彼女は世の中の怖さを知らない人生初心者マークでもあります。逆に言うのなら染まるのも早いということです。

「へえ、キミにそんな願望があるとは思ってもいませんでしたよ」

「私に言い寄ってくる男はほとんどいないし、たとえいたとしても皆さんジェントルマンですから」

余りにも綺麗で隙のない女性は高嶺の花なので、言い寄られることが少ないのは事実のようです。私はそれを逆手にとってナンパして美味しい目にあったことが数々あります。

「じゃあ、夜のほうも?」

「そう。淡麗なんてビールだけにして欲しいわ」

「瑞希ちゃん、上手い。おばちゃん、座布団一枚持ってきて」

やっぱり相手が下ネタに乗ってくるのは楽しいものでして、お酒が進むのも当然であります。

「こってりしたラーメンを食べたいじゃないですか。若いんだから」

ギトギトした脂が膜を張っているようなラーメンが大好きだというのです。

「瑞希ちゃんは肉食なの？」

「そりゃあ、草食よりは肉食ですよ。ガッツリ系ですね。こんなに分厚いステーキもペロリといけますし、トンカツもヒレカツのようなものじゃなくてロースオンリーですから」

外見はほっそりしていて卵型の丸い顔もしゅんとしていてとても脂ギッシュには見えないのですが、その奥底にドロドロとしたマグマが潜んでいるとは……。

「ボクは助平ジジイの役でいいかな？」

「社長はもともと助平じゃないですか。妄想していたことを私にぶつけてくれたらいいですよ」

定宿のシティ・ホテルに誘って夜景を楽しみながら今夜のストーリーを二人で考え

るのは至福の時間であります。

「汚い言葉で犯して欲しいの」

「エッ、どんな言葉なの？」

もうストーリーが始まっているのです。

「言いたくないのか、このメス豚めが」

「そんなこと言わないで。……私は淫乱な女です」

「毎日毎晩、男のことばかり考えているんだろ」

「……はい」

すっかり彼女もその気になっているのです。まさかこんなにノリがいいお嬢様とはビックリクリクリ栗とリスであります。

「なんだ、コレは。ボワボワじゃないか。淫乱女のあそこの毛は生えるのが早いんだってな」

「いや、見ないで」

「そんなこと言って、見て欲しいと顔に書いてあるぞ。そうだろ。ほら腰を上げて尻を突き出すんだ」

「こうですか？」

お嬢様が四つん這いになって白いヒップを向けます。

「なんだ、ケツまで毛が生えているぞ。どんだけ助平なんだ」

「お許しください、お代官様」

「ええい、控えろ。この陰嚢《いんのう》が目に入らぬか」

いつの間にかの水戸肛門です。ベッドに仁王立ちになって皺だらけの陰嚢を突き出しました。

「私、いただきます」

瑞希ちゃんがひざまずいてそこに口を寄せます。さすがに劇団員でありまして、演技も上手なものです。次回公演の切符を100枚買う約束をしました。

白い尻を叩くとヒイといいながら尻をくねらすのもそそるものです。

「脂なのか、コレは」

秘密の花園からコンコンと出てくる泉に顔を近づけてひと舐めしただけで、メス豚は豚のクセに海老ぞって天国への階段を上り始めるのです。

うなぎの寝床で大往生

うなぎはお好きでしょうか。私は土用の丑の日くらいはうなぎを食べないようにしているというイヤミなジジイでありまして、冬でもしょっちゅう食べております。生まれ育ち、今でも暮らしている南紀は古座川《こざがわ》や日置川《ひきがわ》そして熊野川のような大きな川が何本もありまして天然うなぎが名産です。

都内の歯医者でピンクの制服を着て受付をしている歯科衛生士の奈美ちゃんをなんとか口説きまくって、やっとのことで後日デートに誘いました。

初めてのデートでどこに誘うかは重要なことでありまして、その後の戦果に大きな影響を与えるのです。

「うなぎでも食べましょうか？」

「本当ですか？　嬉しい」

本心から喜んでいる声を出します。

「うなぎは匂いが服につくから」

などと御託を並べる擦《す》れたホステスさんに比べたら初々しいものです。

老舗のうなぎ店に誘います。といっても養殖うなぎを使用しているお店です。

〈本店は天然うなぎを使用しており、鉤《はり》が入っている場合がありますのでご注意ください〉

こんな注意書きが壁に貼ってあるイヤミなお店ではありません。しかし、敷居の高い高級店で、店内では会社の重役らしき客たちが静かに談笑しています。

「うなぎなんて高級品ですから数えるほどしか食べたことないです。へえ、こんなお店があるんですね」

若い奈美ちゃんにとっては異次元の空間ですから、よく回る大きな目で店内を眺めています。彼女の大きな胸が格納されているノースリーブのワンピースが嫌でも目に飛び込んできます。

白焼きと特上のうな重を頼み、焼き上がるまでの時間、う巻きや白身のお刺身に箸を伸ばして彼女との会話を楽しみます。

「先生に口説かれているんでしょ」

彼女は鼻の下にヒゲを蓄えたいかにも助平そうな歯科医の助手をしているのです。

「そんなことないですよ。佳純ちゃんがしっかり握っていますから」

佳純ちゃんは同僚ですが、彼女もべっぴんさんです。

「隙あらば、佳純ちゃんの座を奪いたいと思っているんじゃないですか？」

「まさか〜、私にも選ぶ権利がありますので」

「だよねえ〜。さ、どうぞ」

人肌に温めたお銚子を傾けてやると、奈美ちゃんはぽってりとしたお口でお酒を受けています。昨今は冷酒が流行っているようですが、燗《かん》をしたほうが、口当たりも良くて早く酔うものでして、これも作戦のうちです。

「なんか、ゆっくりと時間が流れるようで、大人のリッチな気分になりますね」

彼女もすっかり気に入ったようです。やっと運ばれてきたお重の蓋をとると香《こう》ばしいタレの匂いと共に黄金色に染まったかば焼きが目に飛び込んできます。箸を入れただけでふんわりと身がほどけて、柔らかな上質な脂を舌の上で堪能するのは至福の時であります。

「天然だともう少しさっぱりしているんですよ」

「食べたことないけど、これで充分おいしいです」

「昔はね、キミのような若い娘にはこんなうなぎは食べさせてはいけないと言われていたんです」

「え、なぜですか？」

「そりゃあ、精が付きすぎて男を追っかけるってね。ほら、あそこのカップルも女性のほうがやる気満々じゃないですか」

向こうに腰かけている中年のハゲ親父と化粧の濃い若い女性のカップルに目をやりました。どうやら不倫関係みたいです。ハゲ親父の頭がてかてか光っていて精力ギンギンに見えるし、女性の眼が淫乱の相を帯びているのもうなぎ効果でしょう。

「不倫って本当ですか？」

舌先三寸で、全くの作り話ですが、奈美ちゃんは信じています。

「いいじゃないですか。キミも若さの特権で世間のうなぎどもを食い尽くしたらいいんですよ。いろいろなうなぎが社会には生息していますから」

「そんなに毎日うなぎばっかり食べられません……」

下ネタに乗ってきたのはお酒と美味しいうなぎのせいでしょう。

「もちろん、良いうなぎは選ばなくちゃ」

「そんなの食べたことないですよー。せいぜいドジョウぐらいかな」

お猪口《ちょこ》を手にした彼女の目が潤んでいます。

「社長さんもどうぞ」

奈美ちゃんが白魚のような指で摘んだお銚子をかたむけました。

「いや、ボクはお酒と女は2合までと決めているんでね」

「私3合目ですよ」

「そうか。3号か。しょうがないなあ。天然うなぎを食べますか？　いいのがあるんですよ」

シティ・ホテルの部屋に入るなり奈美ちゃんは積極的です。

「ドジョウを見つけた」

股間の愚息を捕まえて失礼なことを宣《のたま》います。

「いやいや、うなぎは出世魚ですから。ドジョウがうなぎになっていくんですよ。ご賞味あれ」

奈美ちゃんはおいしそうに口に含みます。

私がその後に奈美ちゃんの狭いうなぎの寝床で大往生したのは言うまでもありません。

相撲とボイン

相撲が人気のようです。しかし、相撲というのは半世紀以上も同じ時間に取組が行われ、午後6時には終わってしまいます。

サラリーマンたちが絶対に生で見られない時間に興行しているのは不思議なものでして、客のことは二の次三の次。NHK様からの放映権料で食っているようなものでしょう。

テレビ放送のために邪魔だった四隅の柱をなくした相撲協会ですが、興行時間は頑《がん》として変えません。午後9時ごろに終わるようにすればより多くの人々が楽しめると思うのは少数意見なのでしょうか？

さてオッパイ大好き人間の私ですが、お相撲さんのオッパイを見ても何も感じることはありません。当然のことでして、感じるようだったら鼻息を荒くして相撲中継を見ることになるでしょう。せいぜい、何年か前に脱がした○○ちゃんのオッパイが似ているな、程度のことであります。同じように戦後間もない頃は、オバチャン、おばあちゃんの類いの方々が路地でオッパイを丸出しにしていた記憶も蘇ってきます。

海外の未開の地の裸族のオッパイを見ても何も感じないのと同じです。なぜなのでしょうか？　やはりブラジャーが日本人に受け入れられて形の良いオッパイ人口が増えたことが大きいのではないでしょうか。

「何カップなの？」

ホステスさんに訊くのはセクハラではなく挨拶です。このカップなる言葉もこの30年ぐらいのことです。それからＡＢＣＤとカップのサイズが俄然注目され始めました。

「Ｄカップヌード」

グラビアにでかでかとタイトルが載ったのもそう古いことではありません。

「Eカップです……」

誇らしげに胸を誇示するのは銀座のクラブのホステス千佳ちゃんでした。

「重いでしょう」

「そうなんです。肩が凝ってしまって」

「では、片方をお持ちしましょうか？」

「お願いします」

とはならないのが現実でして、なんとか千佳ちゃんを落としたい助平心で日参しました。

「オッパイの大きな娘は感度が悪いって言われていますよね」

「ええ、聞いたことありますけど、そんなことはないんじゃないかなー？」

念願のアフターに付き合ってもらい、高級なバーに似つかわしくない助平談義に花が咲きます。

「あれ？　ちょっと待って」

隣に腰かけている彼女の腋《わき》に鼻が偶然触りました。

「匂うよ」

「えっ？」

千佳ちゃんの白い肌がほんのりと赤くなりました。

「甘いな」

「そんなことないでしょう」

「いや腋が甘い。糖尿ですか？」

「いやだわ。びっくりしたじゃないですか」

彼女の濡れた腋に指を入れるとピクンと反応します。

「ボクね。オッパイ星人とか言われるけど、これまで何人かの乳がんを見つけたんですよ。この手がマンモグラフィーですから」

にぎにぎと右手を動かします。

「本当ですか？　私も心配なんです」

やっとエサに飛びついてくれました。

「しょうがないですね。これも人助けですから」

バーを出てシティ・ホテルでの検診タイムに移行したのは当然のことであります。

レースの高級そうなブラジャーに覆われていたのはパンと張ったEカップです。青い静脈が透けるほどの白い肌に双丘がそびえています。

まだ熟れていない硬さの残る乳房を私のマンモが弄《まさぐ》る度に千佳ちゃんの口から甘い吐息が漏れ出し始めました。

「大丈夫のようですね」

「……良かったわ」

「それでは千佳関、ごっちゃんです」

脇の甘い千佳ちゃんにモロ差しになりました。

「これから相撲の稽古です。四十八手を教えましょう」

ベッドの上で、くんずほぐれつの稽古が始まりました。

「もう、勘弁して」

「まだまだ。可愛がってやるから。ほら、これが松葉崩しだよ」

「あふ～ん」

こうして真夜中場所は朝まで続いたのでした。ハァ、どすこい、どすこい。

ウグイスが鳴かぬなら

「来週から私、忙しくなるんで、暫くお休みしますね」

「エッ？　どうしてですか？」

「選挙のバイトが入っているんです」

丸の内の仲通りで、貸金業のティッシュ配りのバイトをお願いしていた女子大生の純ちゃんが声をかけてきました。

容姿端麗な純ちゃんは、市長選や市議選などの選挙の時にはウグイス嬢となって選挙カーに乗っているのです。どうやらかなり高額な報酬がゲットできるようです。

「法定選挙資金は決められているんですが、当選したらご祝儀がたっぷり貰えるんです」

「それだから必死になって連呼するんですか？」

「まあ、それもありますけれど、そんなに楽じゃないんです。候補者の先生もいろいろというか、エロエロな助平も多いんですから」

「へえ、そうなんだ」

ウグイス派遣の純ちゃんの壮行会と勝手に称して居酒屋で盛り上がりました。

「お尻を触るなんて可愛いもので、車の中で肘でツンツンと胸を押してくるオッサンもいるし、選挙後にオレの女にならないかと誘うのもいます」

「そんな時はどうするの？」

「『分かりました。奥様に報告します』、と言えば大人しくなりますし、ギャラもアップしてくれます」

しかし実際は、候補者とデキているウグイス嬢もいるというから驚きです。

「女の直感というか、雰囲気で分かりますよ。自分の女をウグイス嬢にしている先生もいますから」

「やりたい放題だね」

「当選確実な先生なら楽ですけど当落線上の候補者のウグイス嬢は大変です。選挙事務所もピリピリして」

「分かる、分かる」

お酒が進んだ純ちゃんの舌が滑らかになってきました。

「あのね、法律ではウグイス嬢のギャラは決まっているんですが、裏ではその2倍、3倍貰っているのは常識ですよ。ただし、開票前に貰っておかないと落選したら絶対に上乗せ分は払ってくれませんから」

大人しくて、難攻不落の淑女だとばかり思っていた純ちゃんがやり手婆ならぬやり手お嬢様だと知って嬉しくなりました。

「誰でもウグイス嬢になれるワケではないよね。コツは？」

「やはり声が大事です。清楚な声、色っぽい声と分けてね。オジサンたちには思いっきり色っぽい声でお願いするんですよ。耳元で囁くように『おねがいします』って」

定宿のシティ・ホテルの部屋でウグイス嬢の実演をお願いしました。

「この度立候補いたしました全日本助平党のドン・ファンでございます。体もモノも小さいですが、山椒は小粒でもピリリと辛いという例え通りでありまして、助平が大手を振って暮らせるような桃色の社会の実現を目指して精一杯頑張る所存であります。手を振ってのご声援ありがとうございます。遠くから腰を振ってのご声援もありがとうございます……」

椅子に上がった純ちゃんの流れるような弁舌を耳にしました。やはり手慣れたもので上手です。

「社長はウグイスを鳴かせるのはどのタイプですか？」

織田信長、豊臣秀吉、徳川家康のホトトギスの例えを出して訊いてきました。

「どれだと思う？」

「『鳴くまで待とう』の家康タイプですかね？」

「脱ぐまで待とうのタイプだから？　キミはどのタイプが好き？」

「私は……」

「ボクは『エサをあげよう』ですかね」

そう言いながらバッグから封筒を出しました。ホトトギスもウグイスもエサは現金に限ると思っているのです。

「ほう、そんな声も出るんですね」

ベッドの上でウグイスが囀《さえず》りはじめました。

「ちゃんとマイクを握ってくださいね」

「……ええ」

私の小さなマイクをにぎにぎしているのは、大きなオッパイが迫《せ》り出している珍種のウグイスです。

「ほら、エサですよ」

囀りは泣きに変わり、そして歓喜の嬌声を上げるのです。これも好物のエサのおかげです。

「鳴かぬならエサを上げようウグイスに」

第四章　私が出会った驚きの名器たち

太宰好きの夏帆ちゃん

男性がチンチンのことを心配するように女性も同じことを考えるようです。

「私ね、自分のがあんなにグロテスクだとは思わなかった」

下ネタで盛り上がるクラブで馴染みのホステスの悦ちゃんが言いました。思春期に自分のあそこを鏡で映してみてショックを受けたというのです。

「私もそうだった」

同僚ホステスたちの告白が続きます。やはり男性と同じように女性も自分のあそこが不安なのです。

「秘密の花園なんていうじゃない。でもハッキリ言って私のあそこは泥沼だと思ったもの」

悦ちゃんはケラケラと笑います。女性のあそこも男性と同じで千差万別だと知ったのは歴戦を繰り返したからでありまして、名器の思い出は沢山ありますが、今でも思い出すことがあります。私が奏《かな》でた名器のあれこれをご紹介いたしましょう。

ティッシュ配りで雇っていて憧れていた女子大生の夏帆《かほ》ちゃんは某一流大学の文学

部の学生でありました。自分の学歴をひけらかすことはなく、迫り出したオッパイほどの自己主張もせず、酔うと目がトローンとして男を誘うように見えるようなカワイイ娘です。

「夏帆ちゃんって色っぽいよね」

「いやだ〜。そんなふうに私のことを見ているんですか？」

「彼氏は？」

「いないんです」

「ウソでしょ。どんなタイプが好みなの？」

「太宰《だざい》みたいなのがいいですね。渋いでしょ」

「ダサいのがいいの？」

自慢ではありませんが、太宰治という作家の存在を知らず、小説も読んだことがありませんでした。最近まで太宰の命日の桜桃忌《おうとうき》のことを桜色の桃のことだと思っていた馬鹿者であります。

夏帆ちゃんに気に入られようと早速書店でダサいの文庫本を買いましたが見事にハマりました。いや、睡眠剤としてです。ページを1枚眺めるだけでぐっすりと熟睡できるのです。クスリ屋でも売れるのではないでしょうか。

「太宰は女性にモテたんですよ」

「ボクも太宰のようだったらキミをモノにできたかもね」

バイト終わりに銀座の割烹居酒屋に誘いました。

「どうして彼氏ができないのかなぁ」

愛嬌もあるし、グラマラスな体を水色のノースリーブのワンピースで覆っている夏帆ちゃんが冗談めかして言いますが目は笑っていません。

「へえ……。男を選びすぎじゃないんですか。根が真面目そうだからそれが男に伝わるとか……」

「そんなんじゃないんです。真面目じゃなくて普通に欲望はありますから」

おっと、まさか彼女から下ネタ相談が来るとは思ってもいませんでした。

「ABCはどこまで？」

「Bまでです」

「へ、ホント？」

B＝ペッティングですので自己申告が正しいならば夏帆ちゃんは処女でありまして、是非とも処女航海の舵《かじ》を預けて欲しいと願ったのは当然のことであります。

「優しくしてくださいね」

「今夜のナビゲートは私に任せてください」

シティ・ホテルの奮発したスイートルームで彼女を抱擁し、ゆっくりと手練手管《てれんてくだ》を駆使します。

「ああ〜」ア段が「いい〜」のイ段になり「ううん」とウ段に行くのも予定通りのことでした。ぷっくりとした観音様も拝み、汗を流していらっしゃるのでしっかりと舐め上げたのも予定行であります。

薄暗いなかで観音様を目がけて愚息がトントンとノックをしてお邪魔をしようとしましたが、ロックがかけられているのかお邪魔できないのです。角度を変えてもどうやっても入れません。

「社長でもダメなんですね」

夏帆ちゃんが悲しそうに呟きました。私と深い関係になった女性で入らなかったのは彼女だけです。

後日彼女は病院で膣狭窄症《ちつきょうさくしょう》と診断され入り口と奥を広げる手術を受けました。彼女は今、地方の街で幸せに暮らしていると耳にしています。

夏帆ちゃんのような例は稀でありますが、やはり秘密の花園は種々な顔を持っているようです。彼女のように通行止めの方がいるかと思うと、いつお邪魔したのか自分でも分からないような方もおります。俗に「太平洋でゴボウを洗う」方であります。太平洋が悪いのか、それともゴボウが悪いのかは論評を差し控えますが、要は相性が悪いということです。俗な言葉でいうのなら「体が合わない」ということでありまして、これは一般的にも少なくないことであります。離婚の理由にこのことが挙げられるといいますから、非常に大事なことなのです。

ロケット砲のみっちゃん

美智子なのか美代子なのか美佳ちゃんなのか忘れてしまいましたが、東京駅地下の喫茶店でナンパした女子大生のみっちゃんはボーイッシュなショートカットで目がぱっちりとしたべっぴんさんでありました。バスケット部で鍛えたということで背が高く肩幅もあり、胸がピンと迫り出したナイスなボディをジーンズと白いポロシャツで包んでいます。

話しかけると愛想も良くて、惰眠《だみん》をしていたはずの息子がムクムクと臨戦態勢に入ったことを感じたのです。後日、渋谷でのデートにこぎつけました。

「キミと食事ができるというだけで、昨日から心臓がパクパクしています」

胸を押さえながら言いました。

「まあ、お上手ですね。でも心臓はパクパクじゃなくてバクバクじゃないですか」

「そうか。バクバクか。上がってしまって……お恥ずかしい」

わざと間違ったことに気づかせないのも私流の小狡《こずる》い作戦でして、隙を見せることで女性との距離が近づくのは経験で知っております。

「現役の女子大生と会うのも初めてですよ」

「そうなんですか？」

渋谷の道玄坂のなかほどの雑居ビルにあるこじゃれた高級居酒屋でビールを片手に話が弾みます。私の「初めて」はウソでありまして、昨日も女子大生と遊んでいたとは口が裂けても言いません。

「この前は20年前の女子大生とお会いしましたが、息子も反応しませんでねえ」

「息子さんもご一緒だったんですか？」

みっちゃんの天然ボケもナイスでありまして、見た目の通りあまりスレていない女性でありました。お酒がすすむとボーイフレンドと別れて寂しかったことをポツリポツリと話すようになりました。どうやら付き合っていた男が二股をかけていたことが判明したらしいのです。

「許せないでしょ」

「そうだね。二股はダメです」

三股も四股もかけている私ですが、そんな素振りは見せずにシレッと頷きます。

「ですよねえ」

彼女は同意してくれる人が欲しいだけなのです。愚痴を黙って聴き、頷くのも大事なことでして、それが女性と仲良くなる第一歩です。

「男なんか地球上には何十億人もいるんですから、食べ放題と同じで選び放題だと思っていればいいんです」

「そんなに簡単に考えられません……」

「簡単に考えると心は楽になりますよ。くよくよと悩むのも人生、ケラケラと笑うのも人生。どちらを選びます？」

警戒感がなくなってきた彼女は下ネタにも反応してくれるようになりました。

「おチンチンの三要素というのがありましてね、長い、太い、硬いのなかで、さて、重要なのはどれですか？」

「そりゃあ、全部でしょう」

クスクスと笑うみっちゃんは欲張りお嬢さんであります。

「さあ、行きましょう」

居酒屋を出た私は足取りがおぼつかないみっちゃんの腰に手をまわしてエスコートします。

「どこに行くんですか？」

「天国です」

みっちゃんの耳元で囁いて、道玄坂を上がりながら途中を右に曲がったのでした。その先にはネオンが瞬くラブホ街が広がっています。ラブホの入り口は江戸時代の関所のようなものでして、ここをくぐれれば戦場に向かえますが、くぐれず撃沈することもあるのは読者諸氏も経験していることでしょう。

「私そんなつもりじゃないから。帰る」

関所を前に踵《きびす》を返した女性も何人かおりますので、関所というのはドキドキものですが、幸いなことにみっちゃんは素直に戦場に向かってくれました。

「いやよ、いやよ」

服を脱がそうとする私の手を押さえてみっちゃんが抵抗をします。ロケット砲を挿みしだきますが、抵抗は止みません。理性が戻ってくるのは一番避けなければならないことでして、後の楽しみに取っていた敵の最重要地点を攻略するように作戦変更を余儀なくされました。

最重要地点とは秘密の花園のことであります。湿った草をかき分けてそこにあった小さなボタンを優しく押しました。

「ア〜ッ。ダメよ〜」

核ミサイルのように鋭い反応です。一度点火した炎は燎原《りょうげん》の火の如く燃え盛り、みっちゃんの咆哮《ほうこう》をBGMにして私も突撃したのです。すると、花園と思っていた湿った祠《ほこら》に愚息にまとわりつくモノがあるじゃあないですか。ギューンと奥に引っ張られたと思うと荒海に小舟が翻弄されるように右、左、上、下と次から次へ大きな波や小さな波が襲い掛かって来ます。薄暗い灯りの下でみっちゃんの白く柔らかな下腹部が波打ち、パンと張った腰がグラインドするのです。

地元白浜には三段壁という海岸の名所がありますが、みっちゃんのあそこは三段締めなのでありまして、恥ずかしながらあっという間の轟沈でありました。

サイちゃんの数の子天井

「はい、アーンして」

愛人28号のサイちゃんが箸で取ってくれるおせち料理を美味しくいただいたのが数

年前の正月のことでした。勝手に28号と言っているだけで深い意味はありません。股間と同じで月日が勃《た》つのも早いものでして、私は若い美女たちの健康エキスをいただいて元気一杯であります。

「ほう、これってキミも持っていたよねえ」

私はサイちゃんがお重から取ってくれた数の子を口に含み、ニンマリとしました。

「えっ？　私、ニシンじゃないけど」

ナイスなボケをかましてくれました。サイちゃんというのは私がこっそり呼んでいるあだ名でして、背が高くて出るところはドンと張り出していますが、目も鼻もアゴもおっぱいも手を加えてイジっているサイボーグ美女なので、略してサイちゃんというわけです。

「まさか、ここにも手を加えたの？」

昨晩くんずほぐれつのバトルが終わったあとで、秘密の花園を指さしました。

「なにをアホみたいなこと言っているの、失礼ね。このなかをイジる人なんかいないでしょ」

彼女は自覚がないようですが、俗に言う数の子天井の持ち主でした。お重に入ったおせち料理を開ける前に彼女の数の子を賞味したというわけです。

「キミのあそこには数の子があるんだよ」

「へえ、そうなんだ。だから生臭いのかな？」

美意識も色気も飛んでしまいそうなことを平気で言うのも若さゆえでありましょうか。

「そういえば塩抜きが足りなかったかな？」

顔中びしょびしょになりながら健康エキス摂取のために舐めあげた前夜のことを思い出しました。

「あのね、ミミズを飼っている方もいるからね。ミミズ千匹って言うんだよ」

「気持ち悪〜い」

「いや、男にとっては気持ち与三郎だよ。息子にうじゃうじゃとミミズのような感じでまつわりつくんだから、たまりまセブンだ」

親父ギャグの連発であります。ざらざらとした感触で愚息を締め付ける数の子天井と、まるでミミズが蠢《うごめ》いているようなミミズ千匹は名器の横綱といってもいいでしょう。他には三段締めとか蛸壺といった大関クラスもあるようですが、男にとって難しいのはバトルをするまでお相手が名器かどうなのかが分からないことです。

これはおっぱいも同じことでして、べっぴんさんをやっと口説いて脱がしてみたら鳩胸だったとか洗濯板のように薄くてペラペラだったとか、乳輪が大きくて黒ずんでいたとか、人生いろいろ、おっぱいもいろいろなのでありまして、洞穴《どうけつ》ももちろん、いろいろなのであります。

太平洋でゴボウを洗う

名器と真反対の方もおります。若かりし頃にコンドームの訪問販売をしていた私は農家のオバハンに「実演」を何度もねだられました。

「試してくれなければ買わないわよ」

売れなければ儲けになりません。無下《むげ》に断るのも角《かど》が立ちます。私が20代でオバハンは30代から40代が多かったでしょうか。不倫という言葉が流行る何十年も前のことでして、女性が大っぴらに男遊びをすることがまだできなかった時代のことです。現在は美魔女とかなんとか呼ばれて年配の方も随分とお綺麗になっておりますが、昭和40年代の農村は年齢より随分老けたオバハンばかりでした。

「さあ、こっちに来て」

ねっとりとした視線で手を引っ張られて行く様はまるで万引きが見つかった少年のようで、蛇に睨まれたカエル状態でした。奥の6畳間でモンペを脱いでいるオバハンをなるべく見ないで若いべっぴんさんのことを想像しながら腰を振ったのですが、アレ？　これで入っているのかな？　という経験を何度もいたしました。私のイチモツが小さいことは認めますが、これが俗に言う「太平洋でゴボウを洗う」ということです。大根ぐらいないと満足してもらえなかったのかもしれません。オバハンの家の軒先に干してある大根を見ながらせっせと汗をかいたものです。

そういえば地中海のような方ともバトルをしたこともあります。これは入り口がジブラルタル海峡のようにキュンと締まっているのですが、奥は大広間のような器でありまして、悪くはないけれど、名器とは言えません。

鮎ちゃんと抜かずの2回

男は二枚目なのに相手の女性のルックスがいまいちというカップルに街で出くわすことがままあります。

「もしかして、あんな彼女を連れているのは名器だからじゃないか？」

そう思うことがあります。男と女の相性なんて第三者には永遠に分からないことなのです。

銀座や大阪の北新地の高級クラブでも「なんでこの娘が？」という平凡な容姿のホ

ステスさんが人気を集めている場合もあります。

「鮎ちゃんね、床上手らしいわよ」

同僚ホステスが囁いてくれたので、様々な手段を駆使して、一戦お相手をしていただきました。床上手って言葉、好きですねえ。冷凍マグロのような女に当たったときには虚しくなるのは読者諸氏と同じでありまして、鮎ちゃんは源氏名の通り、鮎のようにピチピチしていてポッテリとしたお口の使い方もお上手です。私も普段以上にハッスル、ハッスル（古い表現で申し訳ないです）していよいよ突撃することになりました。トマホーク（過大表現ですみません。ここは見栄を張らせてください）が的を目掛けていきました。いやあ、ミミズもうじゃうじゃいるし、数の子もびっしりと壁に張り付いているじゃあありませんか。それがギュンギュンと締め上げてくるしグルングルンとミキサーが回るようにトマホークに絡みつき三段・四段と締めまくります。恥ずかしながら、あっという間の早撃ちマックで見事に轟チンされてしまいました。ところが、です。

「勃つんだジョー」、あしたのジョーではありませんが、KOされたはずのトマホークは鮎ちゃんのなかで不死鳥のように蘇って、抜かずの2回戦が始まったのです。壺にハマるとはまさにこういうことなのでしょう。

お手々とお口の名器

しかし、名器だからといってその全てがいいわけではありません。ピアノでもバイオリンでも奏者が上手くなければ名器が名演奏を奏でることはないのでありまして、奏者と名器がぴったり合わさったときに名演奏が生まれるのだと私は信じております。逆に名器でなくてもテクニックでカバーしている女性たちもおります。

「私、モデルなんです」

銀座のクラブで会った愛ちゃんはどう見てもモデルには見えません。

「読者モデルですか？」

今では週刊誌に載っただけで読者モデルと称しているようで、一億総モデルの時代になってしまいました。

「実は手タレなの」

手タレとは手だけを映すモデルさんだと言うのです。たしかに白魚のような細くて長い指は綺麗なものです。この他にも口だけ、目だけといったモデルさんがいるといいますからモデル業も細分化されているようです。

「さすがに花園のモデルはいないよねえ」

「私、やってみてもいいけど（笑）」

下ネタに食いつきのいい愛ちゃんとアフターに行ってまたまた下ネタで盛り上がります。

愛ちゃんはボンという感じの体型ではないので食指が動きませんでしたが、流れでホテルの部屋で飲み直しました。流れというのはどなたも経験されていることでしょうが、あんな高嶺の花と一夜を共にしちゃったとか、全然タイプではない女性とやっちゃったということがあるものです。

愛ちゃんがご奉仕が大好きだと分かったのはベッドインしてからでして、手がマジックハンドなのです。手タレと自慢するだけはありまして、愚息を励ます励ます。まあ、見事なテクニックを賞味したあとは、お口のハーモニーが始まりましてタマランチ会長状態になったのです。手も口も名器になるんですね。

第五章　ドン・ファン流「クラブ遊びの裏ワザ」教えます

高級クラブのしきたり

高級クラブと聞くと、いかにも敷居が高くて、読者の皆さんも何か特別な場所のようなイメージを持っているかもしれません。しかし私に言わせれば、高級クラブもあくまで「美女と出会い、恋愛をするための場所」。一時期はカネに糸目をつけずに、クラブ活動に精を出しておりました。

そうやって高い高い授業料を払って、見聞を広めて身につけた「クラブ遊びの裏ワザ」がございます。それを知っておくと、美人のホステスさんと恋愛できる可能性が少しアップするのは間違いありません。

この本を買ってくださった読者の皆さんに感謝の気持ちを込めて、私が身銭を切って学んだ裏ワザをお伝えいたします。

前作でも説明をしておりますが、私の若い時分には赤線・青線があり、立ちんぼの女性も珍しくありませんでした。しかし、私はそのような風俗には全く興味がなく、ソープ（当時はトルコ風呂と呼ばれていた）などにもほとんど行ったことはありません。

モテないにもかかわらず、身分不相応といいますか気に入った相手を口説くことに夢中になっておりまして、それが銀座や大阪の新地の高級クラブ通いにつながっていたのです。

30年近く前にキャバクラなる形態の店がちらほらと新宿や六本木に出現しはじめました。関西でいうラウンジのようなものです。

当時のキャバクラはアルバイト感覚の女性たちが接待しておりまして、質もそれほど良くなく学生コンパのノリでした。時間制のため10分、15分で席についた女の子がかわりますので、ゆっくりと会話を楽しむこともできず落ち着かない空間です。ただ、料金は高級クラブのせいぜい3分の1程度ですので、それが人気の元になっていたのでしょう。

「高級クラブは敷居が高いし、料金もべらぼうに高い」

若い世代がキャバクラに流れていくのはある意味当然のことだったと思っています。

戦後の長い間、美人と知り合う空間というのが高級クラブや高級キャバレーといった時代が続いてきたのは事実です。赤坂のニューラテンクォーターといった高級ナイトクラブは自前のバックバンドを持ち、ダンスをするフロアもあり、それはそれは豪勢なものでして、そこでスカウトされた方が女優やタレントになることも珍しくなかったのです。しかし、時代の波というものは容赦がないものでして、採算が取れずに次々と閉店を余儀なくされました。

それはさておき、高級クラブの多くは敷居が高いことになっています。

「お客さん、べっぴんさんがいますから寄っていってください」

こんな風に、クラブの黒服がピンサロのような呼び込みをすることはまずありません。一般的には紹介された客が行く空間だと思っている方が多いでしょうが、実はそうではないのです。会員制という看板があっても気にすることはありません。店側が警戒しているのは場を乱してしまう輩が入り込むことなので、スマートで金払いが良い客はいつだってウエルカムです。

一番簡単な方法は、客を見送りに出て来たホステスのなかに気に入った娘を見つけて、臆せず声を掛けることです。

「キミが気に入ったから、キミのお店に行ってみたいな」

そう言えばいいだけです。頭の良い子であれば、小型の名刺をくれます。そこには源氏名とお店の連絡先が書いてありますから、これで堂々とお店に入ることができます。客を見送った後のエレベーターに相乗りして、私は何度もこの手を使いました。

出勤途中のホステスさんに声をかけても大丈夫。私は夕暮れの繁華街を歩く水商売風の気に入ったべっぴんさんに声を掛けることにしていました。

「クラブ桜の由紀と申します。いらしてくださいね」

愛想の良いホステスは名刺を出してにっこりと微笑んでくれるはずです。ツンと澄まして声掛けを無視するアホなホステスもおりますが、そんな女はほっとけばいいんです。

どこの馬の骨とも分からないような私に由紀ちゃんはなぜ愛想がいいのでしょうか？　私にひと目ぼれしてしまった、ということは当然ありません。

やり手のホステスは売り掛け契約を店側としており、担当になった客の売り上げの歩合が給与になるので、太い（金持ち）客を摑もうと必死なのです。

例えば私が最初知人の紹介で行ったお店にまた足を運ぶとしましょう。狙っているホステスを指名したとしても、その席の売り上げは、もともとの紹介者を担当しているホステスの実績になるのが決まりになっています。ですから呼ばれたホステスの実入りは少なく、腹の中では不満が溜まっていると思って差し支えありません。

ですからホステスは自分の客が喉から手が出るほど欲しいのです。新規で来て自分を指名してくれた客は自分が担当になるので〝おいしい客〟となるわけですから、店に行った私を出迎えてくれた由紀ちゃんが喜ぶのはご理解いただけるでしょう。どうせ高いお金を取られるのですから、少し勇気を出して事前に気に入ったホステスに声掛けするほうが何倍も楽しめるのです。

高級クラブでモテる秘訣

せっかく高級クラブに行ったのだからべっぴんなホステスさんとイイ関係になりたいと思うのは自然の成り行きというものでしょう。一体どのような客がモテるのでしょうか。そりゃあ金払いがよくて威張らず口説かない客に決まっておりますが、そのような客はまずいません。腹にイチモツ背中に荷物と決まっておりまして、隙あらばねんごろになりたいと考えているのです。

クラブではホステスさんに威張らないのが一番大事だと思います。そしてあくまで下手にでる。褒めて褒めて褒めまくるのも効果がありますが、金持ちと見られるのも大きなアドバンテージになります。

なんだか風采《ふうさい》の上がらない男に店のナンバーワンホステスがくっついているのはよくある話で、珍しいことではありません。風采が上がらなくとも懐にごっそりと持っているのもいますし、泥棒稼業をしてクラブで散財している輩もいます。

「社長さん。今度白浜に遊びに行ってもよろしいですか？」

瑠美ちゃんは銀座の老舗クラブ「T」のナンバーワンホステスであります。背は170センチ近くもあるでしょうか。すらりとして長い髪をかき上げる仕草に色気を感じます。妖艶な大きな目が怪しく光り、見つめられただけでドキッとするようなべっぴんさんでした。何度も口説き文句を垂れ続けていたのですが、アフターに1度付き合ってくれただけです。

「どんな風の吹き回しなの？」

彼女が私の地元に行きたいというのですから驚きました。そりゃあ白浜には高級温泉ホテルもあってリゾートとしても有名ですし、パンダもいるアドベンチャーワールドもありますので魅力的な場所であります。

「何度もお誘いを断るのも悪いかな、と反省しているんですよ。ごめんなさいね」

しおらしく頭を下げる彼女はやっぱり優しい方なのです。

「社長、瑠美ちゃんと楽しそうに喋っていたよね」

その晩瑠美ちゃんはアフターの予定があるというので、萌ちゃんという馴染みのホステスといっしょに店がはねてからコリドー街の高級居酒屋に足を運びました。萌ちゃんも魅力的でありますが、同じお店で2人のホステスを口説くのはタブーですので自重していたのです。

「しかし、瑠美ちゃんは人気があるよね」

アフターの予定はひと月後までびっしり埋まっているというのですから売れっ子です。彼女は銀座の「K」という老舗クラブからスカウトされて移籍して、わずか2ヵ月でナンバーワンの座を射止めたというのですから凄いものだと感心していました。

「あのね、前の店でトラブルがあったらしいわよ」

萌ちゃんは口にしたハイボールをテーブルに置いて声を潜めました。

「どっかの大金持ちの会長に取り入ってマンションを買ってもらったけれど、それが会長の奥さんに知られて大騒ぎになったらしいの」

「そりゃあ、貰ったんだから瑠美ちゃんのものだろ」

「そうなんだけど、会長夫婦の喧嘩が一族を巻き込んだので瑠美ちゃんは嫌気がさして会長との縁を切ったって」

「まあ、そうなるよね」

「実はこの話には裏があるのよ。同じ時期に馬主にもなっている50代の実業家ともいい仲になっていて、そっちからも相当貢がせていたので、会長を切りたくて奥さんにチクったのが瑠美ちゃんと親しいホステスで私とも仲のいい娘なのよ」

「やるもんだね」

「前のお店では『カマキリ瑠美』と陰で呼ばれていたんですって。バリバリと男を食い散らかすって」

クビが長く手足も長い瑠美ちゃんがカマキリに似ていないこともありません。萌ちゃんの話を鵜呑みにするわけではありませんが、瑠美ちゃんは私の仕事の内容を根掘り葉掘り聞くことが多く、値踏みをしていると感じたことがあったのも事実でした。やり手のホステスはさりげなく客の仕事や羽振りを探るものです。ですからこのときに大風呂敷を広げて億万長者だと偽り、ホステスといい仲になる客もいるわけですし、ヒモとなって貢がせる客もいます。いったん深い仲になり、体が合うと女性が離れられなくなる例もあるのです。

また、逆に大金持ちから絞り取るホステスもいます。騙し騙される夜の商工会議所がクラブだと言っても過言ではありません。

「カマキリはセックスが上手いと同僚に自慢しているそうよ。一回でも寝たら男は虜《とりこ》になってしまうらしいから、社長も気をつけてね」

「へえ、そうなんだ」

肌のきめ細かい瑠美ちゃんがどんな手練手管を使ってくるのか興味があります。肌が合うかどうかは非常に大事なことでありまして、男性も女性もそれでメロメロになるという場合はたしかにあるのです。

「白浜に行くのは2週間後の週末でいいかしら」

次に店に行くと横に座った瑠美ちゃんが他のホステスがいなくなったのを見て耳に手を添えて囁きました。

「うん、いいですよ。ではホテルを予約しておかなきゃ」

鼻の下をベローンと伸ばすのはいつものことであります。カマキリにちょっとぐらい食われてもいいと思っておりました。

「あのね、リゾートに行くのだから旅行カバンや服を買っておきたいの。支度金を頂戴ね」

「幾らあればいいの？」

おねだりはホステスさんの常套手段でありまして、身をくねらしてそれをやられると男は弱いのです。

「このぐらい」

瑠美ちゃんは白魚のような細い指を一本立てました。

「10万円か……」

飛行機代やホテルの宿泊費なども入れると相当の出費になりますが、まあ瑠美ちゃんと一緒ならと頷きました。ところが、です。

「社長、冗談はよしてよ。まず100万円を支度金で頂戴。儲けているんだからそのぐらいなんでもないでしょ」

と、きたのです。

「勘弁してくれよ」

「エッ？　そのくらいも出せないの？　小さいわね」

身長以外にも小さい部分が多々ある私ですが、面と向かって言われる筋合いはありません。瑠美ちゃんはタイミングを間違えてしまいました。私と深い関係になっていれば私も支度金を支払ったかもしれません。他の金ヅルと同じように私からもお金を引っ張ろうとする魂胆が透けてみえたのでした。

ホステスが結婚するとき

高級クラブは華やかな業界のように見えますが、一皮剝《む》けば欲望の塊の世界であります。華奢《きゃしゃ》なホステスが強欲であることは珍しくもなく当たり前のことです。クラブに入った若いホステスは若さを武器にモテまくります。しかし、10年選手ともなると自分の将来が不安になってくるわけです。そこでお金持ちにターゲットを絞り、妻の座を狙う者や、二号さんを狙う者、そして水商売を経営していく者に分かれます。

ホステスさんと客が結婚する事例は決して少なくありません。

「○○大学を優秀な成績で卒業し、家事手伝いの修業をしていた○子さんは見る通りの美貌で○○小町と呼ばれたものです。一昨年から縁あってお付き合いをしていた○○さんのプロポーズを了承し、今日めでたく華燭の典を挙げられたのです」

披露宴で司会者の紹介に会場の列席者から拍手が起きます。

「銀座の高級クラブKのナンバーワンホステスの○子さんが、とうとう結婚することになりました。お相手は日参して口説きたおした助平でバツ2の○○社長であります」

決してこのように本当のことは喋らないのがホステスさんの結婚式であります。今でも世間が水商売上がりと白い目で見る風潮があるのは残念ですが、誰もが知っている大会社社長の奥様が銀座上がりの有能なホステスさんだったということは全然珍しいことではありません。プロ野球選手の奥様も同様でありまして、円満な家庭を築いている例もたくさんあります。

問題は年の離れた社長・会長と再婚するケースでしょう。

「社長の熱意に負けてね。愛してくださるから」

30も40も歳の差のあるカップルはまず遺産目当てと思って間違いありません（これは最終章の私の話と矛盾していますが、あくまでも一般論としてです）。

「10年間刑務所に収監されたと思えばいいんだから」

そう言い放って結婚したホステスさんも知っていますが、予想が見事に外れて10年経っても社長はピンピンしているという残念な結果になっています。たとえ念願通りに相方が天国に召されても遺産相続の争いに巻き込まれるのはいいほうで、なんと負債のほうが大きくて財産放棄の憂き目にあった女性も知っております。

しかし、なかには莫大な財産を掴んだ方がいるから「宝くじ当選」を目指す方が少なくないのはご理解いただけるでしょう。大金持ちで子供もいないのは狙われる要素では1番でありまして、当の私がそれに当たります。バツ2の私は一人住まいで狙われる要素を備えておりまして、何十人かがトライしてくださいました。

「結婚しようか？」

「ホント？」

最初は女性が嬉しそうな顔になります。しかし、お付き合いをしているうちに、私がピンピンしていてあと30年ほどは元気そうなのを知って諦めて逃げだしていくのです。

「余命3年とお医者様に言われてしまってね。ガンなんですよ。それで良かったらお世話していただけませんか」

こんなセリフで女性を口説いたこともあります。余命3年のエサに飛びつく女性は少なくないのですからこの世は楽しいのです。

種イモは大切に

ヒロミさんという女子大生にティッシュ配りのバイトのローテーションを任せておりました。

ヒロミさんのことは大事にして決して手を出さなかったのです。それと同じように私は銀座や新地の高級クラブでも深い仲にならないホステスさんを大事にしています。彼女たちが困ったときには同伴出勤もしますし、アフターにも付き合いますが口説くことはしません。そうやって彼女たちから狙い目のホステスへの援護射撃をしてもらうのが目的でした。これは相当の効果がありました。先に述べた萌ちゃんもその一人でありまして、彼女の情報能力の高さによって戦果が上がっていったのです。

これは一般社会でも通用することです。世話好きで愛想のいい女性と仲良くしていればきっといいことが起きます。私は密かに種イモ作戦と呼んでおりますが、優秀な種イモを多く作ることが美女を射止めることに繋がるのです。

嫌われるセンセたち

「センセ、お久しぶりです。さぁ、どうぞ、どうぞ」

銀座や大阪・新地の高級クラブでは頻繁に「先生」「センセ」という言葉が飛び交います。政治家の先生、お医者の先生、弁護士先生、そして教師の先生。世に先生と呼ばれる職業は多いものですが、クラブのママやホステスが尊敬して使っているわけではありません。

「センセって呼んでいれば満足するからね」

クラブのママさんやホステスたちは面倒くさいからセンセを連呼しているだけなのです。新地では先生と言わずにセンセと言っているのは、庶民からのささやかな抵抗なのかもしれません。

「社長」「社長さん」と呼ぶのと似たニュアンスですが、「社長」よりもっとどうでもいいニュアンスで使っていると思って間違いありません。そりゃあ、金払いが良くて大人しいセンセであればウエルカムですが、なかなか一筋縄でいかないのがセンセたる所以《ゆえん》であります。

高級クラブでも場末のスナックでも、ホステスさんに嫌われるランキングのナンバーワンは間違いなくセンセであります。もちろんヤクザ屋さんが嫌われるのは当然のことですので、ここでは論評はいたしません。ただ、店の陰のオーナーがヤクザの親分ということは実際にあることです。

しかし、先生というのは勘違い平行棒の輩が多いものでして、自分が嫌われていることにまったく気付いていないケースも多いのです。

「いやぁ〜、委員会の時間が長引いちゃってねえ。困ったものですよ」

ガハハハと大きな声で笑っているのは某代議士でありまして、「オレは代議士だ」と店中にアピールしているのです。スーツの襟には議員バッジを光らせているのですからしょうもない人種です。

頭を下げるのは数年毎の選挙のときだけで、普段はふんぞり返り、あとは派閥のボスには平身低頭する表と裏の顔をしっかりと使い分けるセンセの多いこと（そうでない方がいることも分かっておりますが割愛します）。

同じように胸のバッジを誇示しているのが弁護士センセでありまして、前作でも述べたように弁護士を雇う場合（弁護士は客に雇われているとは思っていませんのでご注意ください）にはよくよく選ばなければなりません。

医者と同じように、弁護士にもセカンドオピニオンを求めなければいけないのです。

「こりゃあ、ダメですね。訴訟しても負けますよ」

相談に行ってにべもなく断られることがあります。せっかく高い相談料を支払ったのに、ショックを受けてトボトボと弁護士事務所を後にした経験がある方もいらっしゃるのではないでしょうか。

弁護士は自分の得意分野であれば受けますが、不得意分野であれば「ダメですね」と勝手に決めつけます。

「これは私の不得意分野ですので」

と言う弁護士はまずいません。ダメな弁護士ほど、地球上で自分が一番頭がいいと思い込んでいるのです。

また、客が示した案件で受け取れる報酬が安いと計算すれば同じように、

「ダメですね」

と返事をする弁護士が多いのでありまして、初めからそう認識していれば、ショッ

クを受けずに次の事務所に行く気力が湧くでしょう。

かつて弁護士は日本一難関の司法試験をパスしたと自負していた方が多かったように思います。しかし、失言を繰り返した某女性元防衛大臣が弁護士出身だというのですから、あの程度なのか？　と思われるようになりました。

何度も繰り返しますが、私は弁護士を信用していません。信用してお世話いただいた奈良県の弁護士さんは残念ながらご高齢のために２０１７年にお亡くなりになりまして、葬儀にも駆けつけて手を合わせました。この方は痒いところまで手の届く方でありまして、困った方々の味方でした。そんな弁護士さんは本当に少ないことを皆さんは知るべきでしょう。

「オペに時間がかかっちゃってね」

若いホステスさんにそう言って、メガネのオッサンは大病院の医者であることをアピールします。代議士と弁護士にはバッジがありますが医者にはありません。

「バッジが欲しいんだよねえ」

冗談交じりに医者から聞いたことがあります。「オレは医者なんだ」と自慢したくても風采だけでは判断できませんから悔しいのでしょう。

私自身はそのようなバッジに何の関心もありません。社章やヤクザのバッジも然りです。

北朝鮮の軍人や、かつてのソ連を代表とする共産圏の軍人たちが臆面もなく勲章をぶら下げるのと同じ穴のムジナに感じるのであります。

それにしてもお医者さんの威張り方というのは凄いものがあるようです。

「昨晩も先生にお付き合いさせられましてね」

ボヤいているのはクスリ屋の直ちゃんです。クスリ屋といいましても大手製薬会社のプロパーさん、今で言うMRで、パイロットが使っている黒い大きなパイロットバッグを手に都内の病院を回っている颯爽とした30代のサラリーマンです。彼らは担当の病院を回り、センセにクスリを使ってもらい発注してもらうのが仕事です。ところが、です。

「今晩も〇〇病院の先生と銀座のクラブにお供しなければならないんですよ。助平医者の代わりに狙っているホステスを口説くのも仕事ですから、もうイヤになってしまいます。『コラ、分かっているんだろうな』と命令されるのは当たり前のことで殿様と奴隷のような関係です」

「ほう、それほど酷《ひど》いんですか？」

「裏金を要求したり、自分が飲み食いした領収書を落とさせるのも平気ですからね。ヤクザより酷いと思いますよ。プロパーの手は指紋が消えてなくなっていると揶揄《やゆ》されるくらい、揉み手をしないといけなくて」

その環境に嫌気がさして転職する同僚も多いと聞きます。直ちゃんは薬学部を卒業しているので薬剤師の資格も持っている立派な方なのです。

「薬剤師なんて医者は馬鹿にしているんです。クスリについての知識は我々のほうがあるのに。そりゃあ中には尊敬できるお医者さんもいますけど、そんなのはほんの少しです」

頭を下げるのが仕事のプロパーさんと頭を下げないお医者さん。これほど対比がくっきりしているのも珍しいのではないでしょうか。

客を客だと思わない職業

一般的に商売をしていれば顧客は神様であります。それほど卑屈にならずともお客様がいるから商売は成り立っているわけですから経営者は感謝するわけです。ところが、世の中には客を客だと思わない職業があります。その代表が先ほど述べた医者、弁護士、そして坊主でしょう。学校の先生もその範疇《はんちゅう》に入る方もおりますが、ここ

では外しておきます。私は医者から、

「毎度おおきに」

と言われたことはありませんし、お歳暮もお中元もいただいたこともありません。別にお歳暮お中元が欲しいワケではないことはおわかりいただけるでしょう。

「お加減はいかがですか？」

お医者さんからそんな電話を自宅にもらった〝お客様〟は日本中にいったいどのくらいいるのでしょうか。そりゃあ友人関係の医者ならあるでしょうが、まず皆無でしょう。要は心が通い合う関係になれないということです。それどころか逆にこちらからお礼という名目で封筒に入ったお金を手渡すのが常識になっているのですから困ったものです。

「センセ、いろいろとお世話になります」

お金が入った封筒を担当の医者に人目のつかない場所で手渡します。

「いや、これはどうも」

当然だという表情で白衣のポケットに突っ込む様子には殺意すら覚えます。

県立や市立そして国立などの公的な病院には先生へのお礼を禁止する告知文が貼ってある場合がありまして、贈賄行為ですので戒められています。それでも命が関わっている患者は藁にも縋《すが》る思いや感謝の気持ちを込めて〝献金〟をしています。「ナースセンターでのお菓子等の購入に使っています」「病院への寄付金として処理しています」とハッキリと明言している病院もありますが、私的な病院は受け取り放題であるわけです。

弁護士も同じく感謝の言葉を吐かない業種です。あれだけ儲けさせて?やったのに「ありがとうございます」のひと言すら返ってきません。それが当然だと思っているのでありまして、食べられない弁護士が増えたと聞いても同情する気にもなりません。

「こんちは。何か困ったことはございませんか?」

御用聞きのように弁護士も一軒一軒回ってセールスしたほうがいいと思うのです。

ナマグサ坊主の遊び方

あれは20年くらい前の大阪の新地のクラブでした。大阪はヤーさんの多い土地柄ですから、高級クラブにも組長クラスが顔を出すことも珍しくありません。弾除けのための若いガードマンは目つきが悪いので場の雰囲気が悪くなります。

向こう側に腰かけているのは、光り輝く頭をしている2人のガタイのいいタコ入道のような男です。ノーネクタイの白いシャツの下に金のネックレスが見えるヤクザそのものといった出《い》で立《た》ちでありまして、隣に座っているホステスのお姉ちゃんの胸元に手を突っ込んでは「キャーキャー」と賑やかであります。

「あれはヤクザじゃないわよ。お坊さんよ」

席についた担当ホステスの真理ちゃんがケラケラと笑います。

「へー、目つきの悪いアレが坊さんなの？」

「私も初めはそう思ったけど、お坊さんは金回りがいいみたいで、しょっちゅう来るんだから」

「いやいや、仮にも仏様に関係している商売なんだからアレはダメでしょう」

誰もが知っている関西の有名なお寺の坊主と聞いて驚きました。京都を筆頭に奈良そして大阪の近畿圏は関東圏と比較して寺院が多く、坊主が幅を利かしているのです。

「こんな分厚いステーキが大好きで、通ぶってレアを頼むし、大酒呑んでタバコも吸うし、口説きまくりの助平坊主なのよ」

たしかにそのようなウワサは耳にしたことがありましたが、まさかこんなに遊び方が派手だとは思ってもいませんでした。こんな坊主が一丁前に説教を垂れまくるというのですから、ほとんど詐欺行為じゃないでしょうか。頭を下げるのはお布施や寄付を頂戴するときだけ。後は好き放題に生きているナマグサ坊主の多いこと。このように坊主もクラブでは嫌われているのです。

支払いはその日のうちに

「チェックをしてくれないかな」

担当のホステスに言うと、会計担当のボーイさんがやってきます。

「社長さん、そんなの後でいいでしょ。請求書をお送りしますから……」

着物姿のママが挨拶にきます。高級クラブの支払いはだいたいが請求書払いです。自分の懐の金で呑んでいる者などほとんどいません。会社のツケや支払ってくれる訳アリの会社にツケ回しをするのです。ですから値段がどうのこうのということに斟《しん》酌《しゃく》しません。人のお金ですから非常にアバウトなのです。

しかし、ママの言葉に頷いてはいけません。請求書は1・5倍ほどの金額になるのが夜の商工会議所の常識であります。

私が新地のあるお店で体験したことをお話ししましょう。生憎《あいにく》お金をホテルに忘れていたことに精算の時点で気がつきました。

「社長、後でいいですから」

着物姿のママが微笑んでいます。

「幾らなの？」

「今日は7万5000円です」

私はツケは嫌いなので、翌日にはお店に行って支払いをすることにしました。ママは接客中というので、カウンターで一杯飲んで待っておりました。15分ほどしてママがやってきて領収書をもらって支払いを済ませたのです。それからひと月ほどたってから、そのお店から請求書が届きました。3万円という値段が書かれています。

「オレは支払ったじゃない？」

ママの勘違いだと思って電話を入れました。

「社長がカウンターで呑んでいらしたときの請求書ですよ」

「だってアレはママを待っている間に呑んでくださいって言われたんですよ」

「……そうでしたか。それじゃあ結構です」

なにがそれじゃあ結構です、でしょうか。欲張って請求したことを棚に上げて謝ることもしません。

「いったいどうなっているんだ？」

その店の、知り合いのホステスに連絡を取りました。

「ウチの店はピンチなのよ。ママが若い男に貢いでいるらしくて、客から搾り取ろうとして苦情が多いんだから。私も見切りをつけて辞めようと思っているのよ」

それから2ヵ月もしないでお店は潰れたのです。

クレジットカードの使い方

クラブの支払いについて述べましたが、クレジットカードについて私は一家言を持っています。

「社長、ウチでクレジットカードを作りませんか?」

世の中にクレジットカードが出回ったひと昔前にカード会社のセールスマンから度々勧められました。

「そんなカードを持ってしまったら、アッという間に借金まみれになってしまうでしょう。会費も高いしいりません」

「そうおっしゃらず、これからはカードを持っていることがステータスを証明する時代になるんですから」

「そんなバカな、カードを持っているってことは借金していますってコトでしょう」

カード会社の魂胆をことごとく論破した時代がありました。なんたって、消費者金融業を生業《なりわい》としていた私が借金という言葉に敏感なのはご理解いただけると思います。

幼少の時代から母親に耳にタコができるほど言われていました。

「借金というのは慣れだからね。慣れてしまうと借金することが怖くなくなるんだ。気がつくと借金まみれでニッチもサッチもいかなくなるんだから。安易に友人に金を貸したらアカンし、借りてもアカンよ」

「友人がお金に困っていても？」

「そうや。友人に金を貸すときは、返ってこなくてもいいと思わなくてはいけない。そうじゃなかったら友人関係にヒビが入るんやで。借りることもせえへんほうがエエ」

今考えるとこれは至言でありまして、当時の日本の家庭では同じような台詞で子供に対して躾がされていたのではないかと思います。それほど借金という言葉はタブー視されていたのです。

「げっぷもアカンからね」

「なんなのげっぷって？」

喉から出てくるのがげっぷと思っていた幼い頃の話です。

「高額な商品を月割りで支払っていくのを月賦販売っていうんや。『月々の支払いはこのぐらいですから安心ですよ』って店員が勧めてくるんやけど、店員からすれば売れればいいんで客の懐のことなんか関係ないんだよ」

「でも客の支払いが滞ったらお店も困るやろ？」

「いや、多くのお店は月賦の客を専門に扱っている信販会社を通すからその点は心配がない。だから店員は見境なく客に売りつけるんや」

これは今でも大問題になっている与信《よしん》審査につながっています。支払う能力があるかどうかを審査するのを、信用を与えるという意味で与信といいますが、信販会社によってそのレベルには差があります。バブルの時代には支払い能力が低く本来なら与信が通らないような客に貸し付けて、家屋敷を全部取ったうえに追い込みをかけて客が入水自殺をしたという悲惨な事件も起きました。

忌み嫌われていた月賦販売でしたが、世の中には賢いヤツがいるもので、月賦という言葉を使わずにローンという言葉に置き換えてしまったのです。

2つは同じ意味なのですが、喉から出る音と同じ月賦よりも麻雀の上がりのロンと似た音のローンは、庶民にそれほど抵抗感なく受け入れられたわけです。

「そのテレビが欲しいんだけど……」

「大丈夫ですよ。12回でも24回でもローンが用意されていますから」

店員の言葉に頷いた記憶のある方は少なくないことでしょう。まだテレビぐらいならいいでしょうが、ローンに嵌《はま》って飛ぶヤツもいたんです。

ローンのことを長く解説してしまいました。クレジットカードのことに戻りましょう。ローンの嫌いな金融業の私がクレジットカードに見向きもしなかったのは当然でありました。

しかし、銀座の高級クラブで支払いの段になったときに現金の持ち合わせが足りなくなったことがありました。今のように街角のコンビニでお金を下ろせる時代ではなく、以前知人に連れられていって気に入った娘がいたので助平心を出して一人で足を運んだときのことです。

「社長さん、カードはないんですか？」

アフターの約束まで取り付けた翠《みどり》ちゃんが小首を傾げました。

「ちょっと待ってよ」

背広の内ポケットや尻のポケットを叩きましたが、ビスケットじゃあるまいしお金が湧いて出てくるわけはありません。結局、翠ちゃんに借りということで太っ腹のママが助け船を出してくれて一件落着となったわけです。

「やっぱり、なにかのときにカードは持っていたほうが便利だと思いますよ」

普段は猜疑心の塊で、他人の助言のウラを推し量っているような性格の私でも、翠ちゃんの言葉に頷くしかありませんでした。しかし、カードというのは想像できなかった魔力を持っていることも分かったのです。

ダイナース神話

バブルの前の時代はクレジットカードへの入会審査は厳しいものでした。特に厳しかったのは日本で初めてクレジットカードを発行したのが自慢のダイナースカードです。30歳以上の妻帯者で持ち家が無ければ入会できないという厳しい審査も自慢のようでした。早速私も申し込み、独身の身でありましたが審査にパスすることができたのです。

「わぁ〜、ダイナースじゃないですか。凄いんですね」

ホステスさんに羨望の眼差しを向けられるのは嬉しかったのですが、そのうちこのカードには大きな問題があることが分かったんです。バブルになって多くのカード会社は審査レベルを低くして会員を集めだしました。それに乗り遅れたのがダイナースです。

「ダイナースにはゴールドカードはありません。ダイナースがステータスなのです」

金科玉条の如くダイナースはステータスで勝負をしてしまいました。利用者にとってステータスも重要でしょうが、多くの方々にとっては年会費の安さや利用できるお店の多さが大事なことを重要視しなかったのです。

「ダイナースでお支払いですか？」

銀座では露骨に嫌がるお店も出てきました。

「これなら心配ないだろう？」

黒服の店長に言いました。

「そんなのは関係ないんです。とりっぱぐれがあるとすればカード会社ですから」

「じゃあ、何が不満なの？」

「ダイナースは他のカード会社に比べて手数料が高いんです。ですからウチとすればダイナース以外のカードを使用してくれるほうが嬉しいんです。他のお店もそうだと思いますよ」

たしかに、その後に何度もダイナースカードを出すとガッカリされることが多くなりました。それどころか、

「ダイナースなら10％分請求を増やしますけど」

というお店も出てきたのです。ダイナースはこんな殿様商売を続け、結局他の会社による吸収合併の憂き目にあってしまいました。昔は洟《はな》も引っ掛けられなかったアメックスは会員数を増やし、ゴールドカードを発行してステータスを獲得することに成功しました。

ダイナースとアメックスの戦略の違いは歴然としています。最初は審査レベルを低くして会員数を稼いだアメックスと審査レベルを高くしてステータスを重視したダイナース。

結果はアメックスに軍配が上がりました。

ゴールドカードがないのが自慢だったダイナースは金色ではありませんが、やや濃い灰色のプレミアムカードを出したのです。どうやらそれをブラックカードと呼ぶようですが腰が定まっていない経営方針としか言いようがありません。

私はアメックスのチタンカードも持っていますし、ダイナースのブラックと呼んでいるプレミアムカードも持っておりますが、今度はミーちゃん、ハーちゃんが持っている楽天カードでも持ってみようかと密かに思っています。だって会費0円って魅力ですからね。でも限度額が低いから高級クラブ1回で終わりそうで面倒かもしれませんが……。

カードはガードを低くする

「これで精算してくれますか？」

スーツの内ポケットから無造作にアメックスの黒いカードを取り出してホステスの由加里ちゃんに渡します。

「これってブラックカードですか？」

由加里ちゃんの目が大きく見開かれました。そうなんです。私のカードは女性のガードを低くさせる効果を持っています。年会費が38万円もするカードですが、こんなときに威力を見せてくれるのです。

「わあ〜、重いんですね」

彼女の手からカードが離れません。

「じゃあ、キミへのプレゼントでも買いましょうか？」

「ホント？」

子供のような無邪気な表情を見るのは楽しいものでして、由加里ちゃんと後日銀座でショッピングをしました。洋服・靴にバッグと軽く100万円くらいの買い物でし

たが、カードがあればサクサクと買い物ができます。空港の待合室もＶＩＰ待遇です
し、いろいろな予約もコンシェルジュがやってくれるのです。
由加里ちゃんを誘って食事へ行き、その後は定宿のシティ・ホテルへ向かったのは
当然のことでありまして、カードには利点もあるのです。

第六章　ああ、わが風俗武者修行時代

まな板のコバちゃん

基本的に素人との恋愛を最重視しておりますが、フーゾクにまったく行かなかったわけではありません。否、正直に告白しますと、これまでに人並み以上に体験を積んできております。

それはなぜかと言えば、そこにビジネスチャンスがあると思ったからです。フーゾク店では、社会での地位も肩書も関係なく、男たちの欲望が剝《む》き出《だ》しになります。だからこそ、そうした「男の本能」に突き刺さるサービスを生み出せば、巨万の富をえることもできるはずです。

結果的に、私はフーゾクの経営で成功することはありませんでしたが、実地体験をしてきたおかげで、様々な人間観察をすることができました。ここで、私が見聞きしてきたフーゾクの現場を、包み隠さず報告することにいたします。

今から30年ぐらい前に、馴染みになった神楽坂の安い居酒屋に通っていた時代があります。

カウンターが7席ほどで後は小上がりに4人ほどが座れる小さな店ですが、有名芸能人のバックバンドでトランペットを吹いている方とか出版社の編集者、テレビ局員そして大学の教授など雑多な職種の方々が集まるユニークなお店でした。

隣り合う席の方とすぐに親しくなれるフランクなお店であります。９割が男性客でして酔っぱらうと下ネタに走るのはしょうがないといいますか、まあ必然のことであります。

酒の席で自分の女の自慢話をするヤツは少なくありませんが、ほどほどにしないと嫌われるので注意が必要です。店主のコバちゃんは当時30代前半で群馬県の中学校を卒業後に銀座や赤坂の一流料亭で板前修業し、独立をした好青年でした。

「安い値段で皆さんに喜ばれるような料理を提供したいんです」

昼間は料亭の下ごしらえのアルバイトに行き、余った食材を貰って自分の店で提供しており、料亭の味が安価で食べられるということで瞬く間に人気のお店になったのも必然であります。

彼は口数が少なく、常連客からは「コバちゃん」とか「板さん」と呼ばれていまして、下ネタにも笑みを浮かべているだけです。

「コバちゃんって彼女はいるの？」

閉店近くで客のいなくなったカウンターで聞きました。

「そんなのはいませんよ。暇も金もありませんから。明日も午前中から銀座の料亭で下ごしらえをしてから店に来ますからね」

「では、ソープを利用しているの?」

「それもないです」

コバちゃんは飛び切りの二枚目というわけではありませんが、目鼻立ちが整い優しい性格ですので女性にモテると思っていたのです。

「まさか、コッチなの?」

手の甲を口に当てました。

「いやいや、今度社長さんを誘いますから遊びに行きましょう」

彼と会ったのは数週間後のお昼過ぎの秋葉原駅でした。

「いったいどこに連れていってくれるんだい?」

「それは行ってからのお愉しみです」

いつもは喜怒哀楽をあまり出すことのないコバちゃんが珍しく白い歯を見せて笑っています。

2人で黄色い電車に乗って向かった先は西船橋でした。

「オレ、こんなところ知らないよ」

千葉県で行くのは成田空港ぐらいで千葉市にも津田沼にも行ったことがなかったのです。

「社長は栄町には行かないんですか？」

「オレはソープは苦手でね。栄町は知らないんだ」

「オレもソープは行きません。高いですし、もっと面白いところがありますから」

栄町というのは千葉市にある当時有名だったソープ街の総称であります。東京の吉原、埼玉の西川口、川崎の堀之内、そして千葉の栄町が関東地方で有名なソープ街であることは助平ですから当然知っておりましたが、通ったことがあるのは吉原くらいなものでした。

「ここです」

コバちゃんが指さした先にあったのはなんとストリップ劇場でありました。幟《のぼり》が立っている映画館みたいな建物の前には、出演者たちの写真が並んでいます。

「え～？　ここなの？」

風俗業界にそれほど詳しいとは思っていませんが、それなりに遊んできたと自負していた私の未知の領域であります。

若い時分に関西地方の温泉街の外れのストリップ劇場に連れていかれたことを思い

出しました。決して美人とは言えない踊り子さんのストリップを見て、その後に弛《たる》んだ肌の、軽く40歳を超えているオバハンが「お兄ちゃん、よう見てなぁ〜」と御開帳をしました。薄暗くてハッキリとは拝めませんでしたが、それはグロテスクな怪物のようなモノを見た記憶が蘇りました。夢でその怪物にうなされたこともありますから、私にとって悪夢以外のなにものでもありません。ですから陰湿な印象しかないストリップ劇場にその後足を運んだことはありませんし、たとえ誘われても断ってきたのです。

ジャンケン・タイム

まさかコバちゃんがストリップを好きだとは少々落胆したのも事実でした。３０００円だったか４０００円だったか忘れましたが、入場料を支払って入ると、ミラーボールが怪しく輝いている場内には老若男女が溢れています。50人いや１００人近くはいたのではないでしょうか。老若男女問わずというのはウソで、女性はいない男性だけの空間でありましたが、客たちがウキウキしているようで陰湿感というのはありません。

平日の午後なのにこれほど助平たちが集まっているのは驚くべきことでありまし

て、つくづくストリップ劇場は愛されていると感心したものです。なんでも競馬場や競艇場が近くにあって、それが終わるとゾロゾロとストリップ見物に行くのがこの辺りでは日常のようです。これだけ客が入っていると不思議と恥ずかしい気持ちにもならないもので、仲間と大声で笑い合っている客もいます。私は初めてですので多少緊張をしていましたが、そのうちに慣れてしまいました。

「だいたい一座は10日間営業をして次の劇場、と回っていくものなんです」

コバちゃんはストリップに詳しく、解説してくれます。この劇場は入れ替え制がないので、開場時間から閉場まで居座ることも可能だと知りました。どうやら7〜8人の踊り子さんが出演し、公演は一日に3〜4回あるらしいのです。

「カメラ撮影は禁止となっております。どうか、踊り子さんには手を触れないようにお願いいたします」

場内のアナウンスが終わると、軽やかな音楽に合わせてストリップ嬢がスポットライトを浴びて華麗な踊りを披露します。厚化粧ではありますが、均整の取れた肢体は眩《まぶ》しいものでした。あの温泉街のストリップ劇場に比べたら月とスッポンほどの差があり、さすがは名門ストリップ劇場だと感心しました。

ポラロイドサービスというイベントがありまして、1枚500円だったか1000

円で踊り子さんを撮影できるのです。タッチタイムというのもあって、そのときは踊り子さんに触れることができます。しかし、それだけですので2人目が終わるころには飽きてきました。するとアナウンスが流れだしました。

「さあ、お待ちどおさまでした。ジャンケン・タイムがやってきました。ご希望のお客様はどうぞこちらに」

場内で歓声がひときわ高くなりました。

「なんですか？　ジャンケン・タイムって？」

「ジャンケンで勝った者が踊り子さんとあそこでヤレるんですよ。勿論タダですから、社長も参加しましょうよ」

コバちゃんが舞台の真ん中を指さします。

「えっ？　みんなが見ている前で本番ですか？」

「そうですよ。生板本番がココの売りで、ボクはこれが目的で来ているんです」

シレッとコバちゃんが言うので腰を抜かすほど驚いてしまいました。普段は大人しく、下ネタにも興味を示さないコバちゃんの趣味が生板ショーとは……。生板と言ったり、まな板と呼ぶこともあるらしいのですが、板前のコバちゃんがまな板好きとは苦笑するしかありません。

「負けちゃいました」

照れ笑いを浮かべながらコバちゃんが戻ってきました。30人くらいがジャンケンをし、勝った肉体労働者風の若い男が誇らしげにステージに上がると、場内はやんやの喝采です。若い踊り子が出てきて係員が敷いたせんべい布団に横たわり、上半身は服を着たままでパンツ一丁になった男の股間をオシボリで拭い、口を使ってコンドームを被せて準備万端となるわけです。いきり勃った男のイチモツを見るのは趣味ではありませんが、観客を前にしても見事に屹立《きつりつ》した竿が女性に突入して果てるまでそれほど時間はかかりませんでした。踊り子さんが使用されたコンドームを観客に示すと大きな拍手が起きます。

「凄いもんだねえ。観客に見られてても立派に勃つんだから」

「社長は考えすぎですよ。誰も他人のまな板ショーに関心はありませんから。たとえ社長が舞台に上がっても無関心ですから、上がってみればいいじゃないですか」

「いやいや。生憎、人さまに見せるような立派なモノは持ち合わせていないんでね」

「銀座の高級クラブのホステスさんたちをブイブイ言わせているんでしょ。これも経験だと思って、さあやりましょうよ」

腰が引けている私をからかうようにコバちゃんが勧めます。が、これだけは無理だと重ねて辞退します。

「個室もありますよ」

私のような恥ずかしがり屋が踊り子さんと個室でご対面できるシステムもあると、コバちゃんがアドバイスしてくれました。

「別に料金を取られますからボクはやりませんけれど」

現在は風営法の規制によって風前の灯《ともしび》であるストリップ劇場も、当時はまだ何でもアリだったのです。

せっかくのコバちゃんのお誘いでしたが、私は個室を希望いたしませんでした。どうも踊り子さんとそのような関係になるのが好みではなかったからです。

「よし、今度は狙い目ですから力をいれますよ」

彼は続けて2回ジャンケンに敗れてしまいましたが、まだ挫《くじ》けていません。

「可愛いじゃないですか」

ステージで踊っていたのは童顔が残る目がぱっちりした娘でした。20歳を少し超えたぐらいで贅肉がついていないピチピチした若鮎のような肉体であります。舞台でなかったら私でも口説きたいべっぴんさんでありました。

「さあ、ジャンケン・タイムです。ご希望の方はこちらへどうぞ」

アナウンスに促されてコバちゃんは向かいます。なんと最後の2人まで残ったのです。

「最初はグー、ジャンケンポン」

観客が声を揃えてくれるほんわかとした空間で、コバちゃんはチョキを出して見事に権利を手にしたのです。チョキなのかピースマークなのかVサインの照れ笑いを浮かべて舞台に上がりました。願えば通じるというのは本当なんだと客席で一人ほほ笑ましく見ておりました。パンツ姿になるとさっきの踊り子さんの登場です。行為中は男性の気が散るということで、ヤジや拍手は禁止となっておりまして、集中力を高めたコバちゃんは正常位で見事に大役を果たしたのでした。

同伴喫茶とカップル喫茶

街に同伴喫茶ができたのは何十年前なのかは分かりません。一説によると昭和20年代後半からジャズ喫茶ブームがあり、その店が同伴喫茶に移行していったのではないかと推測されております。

昭和30年代はまだ住宅の環境が悪く、男女が会える場所は喫茶店とか映画館に決まっておりました。連れ込みホテルはありましたが、そこまで深い関係になっていないカップルの行き場がなかったのです。

現在のようにラブホやカラオケボックスがあるわけではありません。同伴喫茶の初期は男女のカップルが利用する喫茶店でありまして、列車のシートのように背の高いソファーが同じ方向を向いて置かれています。薄暗い店内で若いカップルが軽く抱き合ったり、キスをするくらいの今では考えられないような初々しい空間でありました。年配の方なら懐かしさを感じることでしょうが、それが徐々にエスカレートしていったのです。

あれは70年代半ばごろの思い出です。

「ちょっと休んでいこうか」

OLの睦美さんを誘ったのは最後の勝負でありました。睦美さんと食事の約束をとりつけ、大阪の新地近くのレストランに行きました。美味しい食事に舌鼓を打ち、お酒を呑んで常套手段として彼女のことを褒めまくりました。背がすらっと高く、目鼻立ちが整った彼女とは3度目のデートですが、手も足もでない状態でした。

「デートを3回してても何もできなかったらもうアカン」

当時の仲間たちはそう言っていたものです。私もこの説には同意します。1回目は様子を見、2回目で彼女の歓心を買い、3度目に決戦の火蓋を切らなければその後は口説くこともできずに単なる友人になってしまうというものです。

「キミとエッチがしたいなあ」

どうでもいい女性にはデートの時に欲望を直接口にできます。

「なに言ってんの。アホちゃう？」

言下に断られようが「そうか～、縁がなかったなあ」で済みます。ところがお付き合いしたい女性の前では緊張感がマックスとなり、どうしても嫌われないように自分を偽るのが一般的な男性ではないでしょうか。

睦美さんを口説けなかった自分を呪いながら新地のレストランを後にして喫茶店の看板が出ているお店に一緒に入ったのです。

「なんか変わったお店やねぇ～」

薄暗い店内は列車のシートのように同じ方向に席が向いているので、睦美さんとは隣同士で肩が触れる距離でした。

「昔は名曲喫茶店だったようだよ」

彼女の耳に囁きました。上品な香水の匂いが鼻孔をくすぐります。直ぐに肩を抱ける距離であるにもかかわらず、まだ嫌われたくないという意識のために体がこわばって動きません。

「あ、ああん」

女性の艶《なま》めかしい声が聞こえてきたのは暫くしてからのことでした。

「抱き合っているんだよ」

あえて興味がなさそうに言いました。いやいや、睦美さんの反応を窺っていたのです。

「えっ?」

裕福な家庭のお嬢様の睦美さんは、このような異次元の空間に足を踏み入れたのは初めてのことでしょう。大きな胸が上下しているのが分かり、顔も紅潮しています。

私は中腰になって後ろの席を覗きました。

「睦ちゃん、見て」

彼女の腕を握って引き上げました。そこでは若いカップルがディープキッスの真っ最中で、クチュクチュと音がし、男の手は女性のブラウスの中で激しく動き、女の子の甘い喘ぎ声が上がっているのです。

「凄いのね……」

その言葉が終わらないうちに睦ちゃんの顔を引き寄せてキスをしました。火照《ほて》った頬にも唇を付けます。いったん火蓋が切られると本能のままにスムーズに動くことができるのです。

「他の人に見られるでしょ。恥ずかしい……」

睦ちゃんが恥ずかしいというのを受けて、私は店の2階を予約して連れていきました。これも作戦通りのことでした。そこは3畳ほどの個室が並んでいます。風営法対策で個室ではないという建て前のために天井部分の仕切りはなく、隣の部屋の声が聞こえてきます。同伴喫茶にはこのように個室があるお店も少なくなく、喫茶で口説けなければ個室分の料金はいらないのですから随分と使い勝手の良いシステムだったと思います。一応本番行為は禁止という建て前になっておりますので、睦ちゃんとはいちゃいちゃしたのですが、オッパイを触らせてくれたりキスを許してくれたのですから、その後深い関係になったのは言うまでもありません。

このように同伴喫茶は随分と利用価値があったと今でも懐かしく思い出します。その後風営法の縛りなのか、このスタイルのお店は時代の流れとともに減少していきました。

ハプニングバーの衝撃

ハプニングバーという新しい形態の店が助平たちに人気があるというウワサを聞い

たのは20年くらい前のことだったと思います。同伴喫茶の発展系で他のカップル同士が楽しんでいる様子を眺めながら、みずからも楽しめるのがウリだと言います。当然のことながら男一人でお店に行くわけにはいきません。

どこかに付き合ってくれる女性はいないものだろうか？ 助平なことになると頭が回るのが私の特徴でして、女子大生時代にティッシュ配りのバイトで雇っていた真由ちゃんの顔が浮かびました。3回のデートでも口説けなかった高嶺の花のような女性です。たしか教育学部を卒業して都内の小学校で先生になっているはずでした。


「真由ちゃん久しぶり。今度飯でも食べませんか？」

「あら、社長。相変わらず遊んでいるんですか？」

真由ちゃんは私が銀座通いに夢中になっていたことを知っています。

「いやいや、銀座のホステス遊びにも飽きてしまってね。皆、寄ってたかって金をむしり取る借金取りみたいなんだよ」

「借金取りは社長じゃないですか」

電話の向こうで真由ちゃんがケラケラと笑っています。

「先生って面白いの？」

「面白いというか、子供って染まっていないから何でもコントロールできるの。だからかえって怖いと思うときもありますよ」

渋谷のこじゃれたレストランで真由ちゃんとの会話が弾みました。生徒に教えるだけでなく、学年主任との軋轢《あつれき》やPTAとの付き合いに神経がすり減ってしまうと嘆きます。

「先生、付き合ってとか言う助平なPTAの役員はいないの？」

「問題になりますからそんなに露骨な方はいませんね。でもお酒の席になると肘でオッパイをツンツンしたり、下ネタオンパレードの保護者はいますよ」

「下ネタ嫌いだっけ？」

「そりゃあ、場を読まない下ネタはダメでしょう。でも私も随分と社会の波に揉まれましたからね、下ネタを無視したらツンケンしていると思われますから」

「社会の波に揉まれるんだったらボクの手にも揉まれて欲しいね」

「相変わらずですねぇ」

以前だったら顔色を変えていた堅物《かたぶつ》の真由ちゃんでしたが、今は余裕の表情で笑っています。これは吉兆と見えたので腰を浮かしました。

「さ、次のお店に行こうか」

「どこですか？」

真由ちゃんにハプニングバーのことを説明しました。興味津々に乗ってくる、そう思っていたのですが。

「私はダメです。そんな場所に出入りしている噂を立てられたら学校をクビになってしまいますから」

眉をしかめた彼女がぴしゃりと言いました。

「お願いだからちょっと付き合ってよ」

手を合わせて頭をさげましたが、表情は硬いままです。結局学校の先生を誘った私の考えが甘くて失敗に終わったのです。

となると何としても行きたくなるのが人情というものです。一度くらいの失敗で私はめげたりしません。

次の候補は忍ちゃんです。

「ごめんね、忙しいところ呼び出したりして」

「久しぶりのお誘いなので。社長もお元気そうですね」

証券会社のOLの忍ちゃんは、久々に私の口座の担当に戻ってきた頭の切れる女性です。

客商売ですのでツンケンしているわけではありませんが、デートでは小難しい小説や映画の話をするのでついていけなかった方でした。お手合わせ願いたい気持ちは強く持っていたのに、口説き文句すら言えなかった相手であります。

「彼氏はできたの？」

「男なんて勝手だからさ。この前別れたばかりなんです」

「へえ、キミのようなべっぴんさんを手放すなんて、アホじゃないの？」

（おっと、いい感じじゃないか）と腹の中でニンマリしながら生ハムをフォークで突き刺し、ビールジョッキを口にします。忍ちゃんも負けじとビールをあおります。

「いや、振ったんですよ。いちいち今日は何をしていたの、とか束縛してくるから」

「いいじゃない。キミのことが心配なんだろ」

「だとしてもものには限度があるでしょ。朝昼晩とチェックされたらさすがにイヤになりますよ～」

「じゃあ彼氏いない歴が数ヵ月というわけか」

「そう。どこかにいい男はいませんかねぇ」

「いるじゃないですか。目の前に」

とは言えない小心者の私です。

「男に何を求めるの？」

「そりゃあ、安心感かな」

忍ちゃんは相当うっぷんが溜まっているらしく、元彼の悪口を機関銃の如く喋りまくります。

「ちょっと河岸《かし》を変えようよ」

「付き合いますから、その代わり私の成績のために、狙い目の株に投資してくださいね。損はさせないから」

「分かった、分かった」

ほろ酔い加減の忍ちゃんの背中に軽く手を回し、腰のくびれを堪能するのも楽しいものでして、誘った先は近所の雑居ビルの5階でした。

「ボクも来たことはないんだけど、面白いお店があるってきいてね」

エレベーターを降り、マンションの一室のドア横のブザーを押します。

「ハイ」

中年女性の声が返ってきました。

「初めてなんですが」

多分ドアの上の防犯カメラでチェックをしているのでしょう。暫くしてドアが開きました。

「会員制になっておりますので、ご記入いただけますか？」

薄暗い受付で用紙に記入し、会費を払ってカードを受け取ります。たしか入場料は一人5000円くらいだったように記憶しています。

「大声を出したり、本番行為は禁止になっておりますので……」

注意事項を聞き、分厚いカーテンをあけて中に入ると顔も判別できないほど暗い店内にソファーが置かれ、カップルが数組腰かけています。つくりは喫茶店のようですが、テーブルの上にはロウソクの灯りがあるだけです。

彼女と並んで席に着くと、手を伸ばせば届きそうな向かい側のカップルはしっかり抱き合っております。

「まあ、こんなお店があるんですね」

忍ちゃんはウイスキーグラスを口に運ぶ回数が増え、ブラウスの胸が心なしか揺れています。手を触ると汗ばんだ手でギュッと握り返してきます。

「ほら、あそこもやっている」

彼女の長い髪をかきわけて耳にくっつくように囁きました。はっきりとは分かりませんが、スカートの中に男性の手が入り、押し殺した喘ぎ声が漏れてきます。その声に反応するかのように向かい側の女性も吐息を漏らしています。

すかさず忍ちゃんの唇を奪いましたが、嫌がる素振りも見せずに敏感に反応してきました。ニンマリしながら右手は胸の双丘を攻めはじめます。

「ほう、こんなに柔らかかったのか」

「いや、もう止めて」

そういいながらも私のクビに回した手はほどきません。

「久しぶりなんでしょ。想像していたんでしょ」

その言葉が彼女の興奮を掻き立てたのは言うまでもありません。

本番禁止ですから1時間ほどいちゃいちゃしてからお店を後にしました。エレベーターの明るい照明の下で忍ちゃんの潤んだ目を盗み見しています。

「もう一軒行こうよ」

彼女の手を握り、向かったのは通りの向こうで看板が輝いているラブホテルでした。

マグロとアユを交換

忍ちゃんと念願の関係を結んだ私ですが、ベッドの上のバトルはそれほどのものではありませんでした。くんずほぐれつの白兵戦をイメージしていたのですが、専守防衛という日本の国家指針を遵守《じゅんしゅ》するかのようなバトルでありました。もっと積極的に動いて欲しかったのですが、冷凍マグロのような寝たきり女でして、やはり男からすればピチピチした鮎のほうがいいわけです。

「社長、お会いしませんか？」

ひと月ほどすると彼女から指名がかかりました。

「キミから誘ってくれて嬉しいですよ」

焼肉屋さんで、煙の向こうで微笑んでいる忍ちゃんとグラスを合わせます。話題はこの前行ったお店のことになるのは必然です。

「口座への入金ありがとうございます。それにしても凄いお店でしたね。私、お酒を呑みすぎて理性が飛んじゃった」

女性はなんやかんやと「してしまった」理由を言い訳するものです。酒を呑みすぎた、理性が飛んだ。だから普段の私とは違うと言いたいのでしょう。

「うん。ちょっと酔い過ぎてたみたいだね」

優しくフォローするのは当然です。

「冷凍マグロだったのはそのせいなの？」

なんてことは思っていても口に出してはいけません。焼肉屋で精をつけて向かった先はこの前のお店でした。忍ちゃんもあの店に行くことが目的だったのです。

　薄暗い店内にはそこそこカップルが入っています。膝が当たるほど近い向かい側のソファーには、髪をカールした20代の女性と渋い感じの男性のカップルが腰かけて、飲み物を手にしながら談笑しています。薄暗いのではっきりとは見えませんが、どうやらべっぴんさんのようでブラウスの胸が盛り上がっているのは分かりました。

「いつもご利用ですか？」

　男性が話しかけてきました。

「いやいや、2度目ですよ」

「随分魅力的な女性をお連れなんですね。羨ましいです」

「そうですか？　あなたのお連れさんもお綺麗じゃないですか。彼女でしょ？」

「いやあ、そんな関係じゃあないですよ。なぁ〜」

　それが本当かどうかは分かりませんが、横の美女は微笑んでいます。

「どうですか一緒に飲みませんか？　ボクはハッシー、彼女はジュンちゃんです」

　ひょんなことで一緒に飲むことになりました。こんな空間ですので名刺を出して挨拶することもなく、手探りで会話は進みました。彼と彼女はどうやら職場が一緒のようで上司と部下のようであります。

「こちらは大手不動産会社の役員をしていまして、幸ちゃんと言います。そして私は取引で知り合いになりました。しいちゃんと呼んでください」

「しいちゃんですか。随分と色っぽいですよね」

どうやらハッシーは忍ちゃんに興味津々のようであります。

「しいちゃん、ハッシーの横に座ってあげたら」

「いいんですか？　そんなこと」

「大丈夫ですよ。その代わりにジュンちゃんをお借りします」

捕虜の交換は友好的に進みました。どうやら忍ちゃんもハッシーのことが気に入ったようです。少し話をしただけなのにハッシーは忍ちゃんのクビに手を回してキスをし始めたじゃありませんか。これはスピード違反ですが、この場合はキップは切らずに、私も同じことをジュンちゃんにするのは当然のことであります。

「ほら、ハッシーも大胆だよ」

キスをしながら左手は忍ちゃんの胸を彷徨《さまよ》い、彼女のフレアースカートに右手が侵入しているじゃありませんか。そのことをジュンちゃんに囁くと積極的に唇を合わせてきます。吐息を漏らし始めたジュンちゃんの胸のロケットに手をはわせたのは自然の成り行きでありました。

「この手がね、ボクの理性を破るように勝手に動きだしてしまうんです。困ったものだ」

右手が探検隊の先発メンバーとなってジュンちゃんの秘境を探検しようとしています。

「おっと、ここはジメジメとしてどうやら雨季のようですね……」

「そんなことを言っちゃあイヤ」

恥ずかしそうに身をくねらすのも色っぽいものでして、心底このバーに来てよかったと感謝しました。

「場所替えをしてもよろしいですか？」

ハッシーからのご提案に探検隊の活動を一時中止させました。

「ボクはいいけれど、しいちゃんもＯＫなの？」

暗闇ではありますが、上気した様子の忍ちゃんが頷きました。

「ハッシーさん、頑張ってくださいね」

店を出ていくハッシーさんに囁きました。

「冷凍マグロ女ですから解凍しなければ美味しくないですよ」

という野暮なアドバイスはしません。

「まだ秘境を探索しなければいけませんからボクたちも場所替えをしましょうか」

近所のラブホに突撃したのは言うまでもないことでして、明るい場所で改めて見ると、ジュンちゃんはまさしくべっぴんさんであります。

聞くところによると、近所の一流デパートにお勤めで、この晩は初めて上司のハッシーに連れられてきたというじゃあないですか。忍ちゃんには申し訳ありませんがベッドの上で野獣と化したジュンちゃんを調教したのであります。

2017年の秋頃だったでしょうか。ハプニングバー摘発のニュースが流れておりました。私も行ったことがある上野のハプニングバーに手入れがあり、客たちが公然わいせつの罪で捕まったというものです。まだハプニングバーがあったのかという驚きと、捕まった方はお気の毒に、という思いでした。暴力団の資金源になっていなければお目こぼしをしてもいいと思う、非日常的なナイスな空間なのです。

ノーパン喫茶誕生

「社長、今度面白い喫茶店ができたらしいでっせ」

あれは80年代の初め頃だったか、みっちゃんに言われました。みっちゃんは大阪市内で金融業をしている仲間でして、歳も近いので一緒に遊ぶことが多い方です。道彦という名前がありますが、誰もがみっちゃんと親しみを込めて呼んでいます。

「喫茶店のなにが面白いの？」

「いやいや、ものは試しに行ってみましょうよ。阿倍野でっさかいに」

今では日本一の高層ビル「あべのハルカス」で有名な天王寺駅はJR阪和線のターミナル駅ですので、和歌山で暮らす者にとっては大阪の表玄関として馴染みの地であります。

「こりゃあ、大勢いるやないか」

目的の喫茶店の前には、平日の昼過ぎというのに10人ほどが並んでおります。スーツ姿のサラリーマン風の若い男もいまして、どうせ会社をサボっているのでしょう。批判できるような立場でもない同じ穴の我々もその後ろに並びました。

「これは……」

喫茶店に入るなり目に飛び込んできたのは、ひざ上30センチにもなろうかというミニスカートの若々しいウエイトレスさんであります。なかなかの美形ぞろいで、シースルーのブラウスからはポヨヨ〜ンと揺れるオッパイがぼんやりと見え、すらっと長い足にミニスカートがマッチしています。まるで、その辺りのオフィス街にいるＯＬさんのような清楚な感じの方が多いのは意外でした。

「べっぴんさんが多いんですね」

みっちゃんが鼻を膨らましています。

余談ですが、この時期くらいから風俗の世界に一般的な美形の方々が入って来られた気がします。と言いますのも、ポルノ映画でも雑誌のヌードグラビアでもそれまでは失礼ながら美人と呼ばれるような方はほとんどいなかったのです。風俗に対しての抵抗感がどんどん薄くなってきたことが大きかったのでしょう。もしかすると美容整形への抵抗感がなくなり、技術も上がってきたことも影響しているのかもしれません。

今では一般女性でも美容整形をするのに抵抗があまりないと聞きます。韓国はその傾向が顕著でして、芸能界の女性が同じような顔が多いのはご存知の通りです。それが是か非かは置いておきますが、私からすると整形美人には触手が伸びないのも事実です。

チラリズムがたまらない

ノーパン喫茶は当時コーヒー1杯1000円という値段で1時間粘れるシステムだったように記憶しております。

「みっちゃん、あそこ……」

隣のみっちゃんと同じようにシートに深く腰かけ、向かい側の席にコーヒーカップを置くウエートレスをガン見していました。いい歳の男どもがシートからずり落ちそうなくらい姿勢を低くして元を取ろうとする必死な様子は滑稽でありますが、我々もその仲間でした。

ウエートレスたちはパンストをはいておりますが、その下には邪魔な布はありませんでした。当時はTバックのような下着は存在していませんでした。これが日本を席巻したノーパン喫茶の誕生から間もない頃のことでした。

ノーパン喫茶の発祥の地については諸説あるようですが、この阿倍野のお店も早い時期にオープンしていたのは間違いありません。ちらりと見えるチラリズムが男心をくすぐる、助平の心理をうまく利用した商売であると感心しました。

コーヒーの味なんて関係なく、客たちはウエートレスの動きばかり見ているのですから、今思うとかなり笑える光景でありました。

ノーパン喫茶は全国に広まり、床が鏡張りの店まで登場し始めました。カクテル光線に集まる蛾のように男どもは本能でノーパンに集まってきたのです。そして、パンストをはかずに生足だけのお店も現れるようになります。となると「ぼんやり」から

「くっきり」。まるで今はやりの4Kテレビのように毛穴の一本一本が見えるのですから人気を呼ぶのは必然であります。

また、店内の床に空気穴を設け、下から空気を噴出させ、ウエイトレスがそこを通るとスカートがまくれあがる店も誕生しました。「シュー」という音と共にスカートがまくれるのですから助平どもがにやけるわけです。こんな具合にノーパン喫茶は形態を変えていきました。つくづく人間はちんぽする動物だと感じた次第です。

しかし、出る杭《くい》は打たれるとのことわざ通りに、ノーパン喫茶の規制が当局から指示されてしまったのです。私自身はノーパン喫茶にそれほどハマることはありませんでしたが、可愛いウエイトレスがいるとウワサされていた新宿などのお店には何度か通いました。

官僚たちのノーパンしゃぶしゃぶ

その後、廃れてしまったノーパン喫茶ですが、ひょんなことから話題に上がったのが、官僚たちの接待に使われていた新宿のノーパンしゃぶしゃぶ店でした。しゃぶしゃぶとノーパン喫茶の合体というまさかのコラボでありまして、これが一部では爆発的な人気を呼んでいたのです。

誰でも入店できるのではなく、会員制で紹介者がいなければ入れないシステムを取っておりました。国の予算をなんとか取りたいと思っている業者や規制緩和を願っている金融関係の担当者が、大蔵（当時）官僚を接待するのに使っていたのがココです。店側が顧客のデータを保存していたために誰が利用していたのか後でマスコミにすっぱ抜かれてしまいました。事務次官級から局長クラスまで、キャリア官僚たちがゴキブリの如くゾロゾロと通っていたわけで、一般の方々は驚くとともにこの報道に憤慨したものです。ちなみに２０２０年東京五輪の組織委員会の重鎮もそこで接待されていたことをすっぱ抜かれて非難を浴びましたが、今でも五輪組織委員会でブイブイ言わせているのですから、たくましいとしか言いようがありません。

助平ですから私もそのお店を利用したことは勿論ありまして、官僚でなくても助平業界ではちょっとした話題のお店でした。

店は個室仕立てになっておりますので、他の客の目を気にすることなく無茶な要求もできるのです。ここのウエイトレスはヒラヒラのミニスカートとオッパイが丸見えのブラウス姿でした。

「これでいい？」

気に入ったウエイトレスに指名料5000円を支払うとオプションとして目の前でパンティーを脱いでくれます。そして腰かけているウエイトレスの座席に潜ってペンライトを使って秘密の花園を観察できるサービスもありました。男どもの目が血走っていたのはいうまでもありません。

擦れていない清純そうな美形の若い娘だけを採用していたので人気があったのだと思います。後で耳にしましたが彼女たちの時給は相当高額だったようです。

テーブルの上の天井近くにボトルが下向きにぶら下がっていて、飲み物を注文するとウエイトレスがテーブルに乗ってそのボトルから酒を注ぐのを下から鑑賞するシステムもありまして、これも男心を計算した憎い演出であると感心しました。

しゃぶしゃぶも女性が作ってくれます。ただ、お触りは現金、いや厳禁でありまして違反すればレッドカードで入店禁止になりますので、皆さん案外大人しかったと聞いておりますが、個室ですのでそこで違反行為があったとしても不思議ではない、と今でも私は思っております。

結局規制があって閉店したわけですが、助平男のオッパイ好きは数多くいるものでして、私も誘われて「オッパイパブ」なる店に足を運んだこともあります。ここは専門用語では「オッパブ」と呼ばれていました。

連れて行かれたのはたしか池袋だったと思いますが、人気店らしく行列ができているのに驚きました。

「タバコは吸いませんがオッパイは吸います」が常套句の私ですが、店内に入って驚いたのはトップレスの若い女の子たちのレベルが高いことでした。上はトップレスですが、スカートの下にはちゃんと下着をつけていますし、客からの下半身攻撃はご法《はっ》度《と》になっております。

薄暗い店内ですけれど、ロケット砲のように突き出したオッパイや洋ナシのような柔らかそうなオッパイ、そして平坦で控えめなオッパイと色々なオッパイを拝むことになりました。形態はオッパイ丸見えの女の子と会話するキャバクラのようなもので、10分、15分で女の子が交替していきます。

それにしてもといいますか、清純そうな女の子のオッパイの乳輪が大きくてまっ茶色だったり、イケイケ風の女の子の乳首が薄い桜色だったり、顔とオッパイの形には法則性はないのだということがよく分かりました。

巨乳だと思って脱がしたら鳩胸でオッパイはぺっちゃんこという、がっかりする経験は何度もありますが、胸がないと思って脱がしたら実は凄かったというのはまずありません。オッパイいろいろ人生いろいろなのです。

「さあ、オッパイ・タイムです。張り切っていきましょう」

何十分かに一度店内にアナウンスが流れると薄暗い店内がもっと暗くなり、指名料金を支払って目をつけていた女の子が向かい合って膝の上に乗ってくれるワンダフルな時間ができます。

摘んでも、揉んでも、吸ってもＯＫ。軽いキスもＯＫというパラダイスタイムです。ここは抜きはありませんでしたが、風営法によって閉店したと耳にしておりますが、復活したとのうわさもあります。

テレクラ黎明期

「社長、面白い遊びができたんですよ。テレクラって知っています？」

「なんですか、それ？」

「テレホン・クラブっていいましてね、知らない女から電話がかかってきて、お喋りをしてそれで意気投合したら会うんですよ。その後はお楽しみタイムが待っているというワケです」

「ほう？　それは面白そうですねぇ〜」

風俗業界に詳しいかっちゃんは不動産関係の仕事で知り合った小さな会社を経営し

ている同年代の男です。私と同じでとにかく女性が好きで、風俗関係のことにとにかく詳しく、一緒に遊んでおりました。

男性にもいろいろな種類の方がおりまして、ただただ抜ければいいという直球型もおりますし、お目当ての女性を口説いてフィニッシュまでいくのが楽しみという軟投型もおります。私もかっちゃんも志向は似ていて女性を口説くプロセスを楽しみたい部類の助平同志です。

私のことを札束で横っ面を引っ叩《ぱた》く助平ジジイと誤解している方もいるようですが、そうではなくエッチをさせていただいて、ありがたいという気持ちでお礼を差し上げているだけで、闇雲に札片《さつびら》を切っているわけではありません。

綺麗な女性のことにかけては、好奇心旺盛な私は多少の危険には目を瞑《つぶ》ってチャレンジします。テレフォン・クラブ、略してテレクラができてもう30年ぐらいになりました。

私が最初に連れて行かれたのは新宿の歌舞伎町だったと記憶しています。

「社長、ここ」

指定された歌舞伎町の喫茶店ではかっちゃんがスポーツ新聞を開いてかっかと笑っていました。初夏のお昼過ぎのことです。アイスコーヒーを片手に彼がテレクラの大まかな内容を教えてくれて、二人は意気揚々とお店に向かったわけです。まだ世の中にテレクラなる言葉ができる前、黎明期《れいめい》のテレクラに私は向かいました。

大原麗子に会えるのか

「どのような感じの方ですか？」

由美と名乗った彼女が訊きました。

「中肉中背ですが、昔は舞台俳優を目指していたこともあって目鼻立ちがくっきりとしていると友人たちは言っております」

「幸助は目鼻立ちがくっきりとしているなあ」

幼少時代の悪友に一度言われたことがあり、まんざらウソではありません。電話で姿は見えないので、必死になって自己PRをしました。

「で、由美さんは、どんな感じですか？」

「身長が160センチで、女優の大原麗子さんに似ているって言われたことがあるんですけれど、最近少しお肉がついたみたいで……」

大原麗子がそうそういるわけはないのに、男性の心理はおかしなもので、受話器の向こうに大原麗子がいると勝手に思ってしまうのです。電話という文明の利器をナンパの道具に転用させた先駆者のアイディアはもの凄いと感心しました。

「ボクは緒形拳に似ていると言われますのでケン。そしてあなたは麗子さんでいいですね」

まるでNHK大河ドラマの共演者同士だと勝手に思いながら、約束の時間に歌舞伎町のど真ん中の噴水がある広場にいそいそと、にやけた顔で向かいました。私は白いポロシャツにジーンズ、由美さんは水色の半袖ワンピースでポニーテールであることを聞いておりました。

しかし、ネオンが瞬く時間まで待ちましたが結局麗子さんは現れませんでした。アドバルーンのように膨らんだ希望がすっかりしぼんでしまったのです。

「来なかったんだよ。なにか都合でもできたのかなぁ？」

「なにを寝ぼけたことを言っているんですか。社長は落第だったんですよ」

後日喫茶店で会ったたかっちゃんがカラカラと笑いました。

「落第？」

「あのね、女性のほうも男性と会うのは慎重になるわけです。ヤクザのような者かもしれませんから。最初から危ないと思うような者とは約束はしないんです。だから社長は一次試験には通ったわけなんです」

採用試験など一度も受けたことがない私ですが、一次試験に通ったと言ってくれたかっちゃんの言葉に頬を緩めました。

「ただね、二次試験がダメだったってことですよ。多分女性は現場に来て社長を品定めしたんだと思います」

「水色のワンピース姿の大原麗子はいなかったけれどね」

「ブッ」

かっちゃんが口に含んだアイスコーヒーを吹き出しました。

「いいですか、大原麗子は社長の勝手な幻想です。自称大原麗子ですからね。きっと噴水が見下ろせるビルの喫茶店から自称緒形拳の社長の様子を見ていたと思うんです。そして何人かの男性をそこに呼び出して、一番いいオトコを選んだということですよ」

「なるほど、かっちゃんの推理は凄いね」

「いやいや、ボクも同じ手口を使っていますから。大原麗子の作戦なんぞ簡単にお見通しです」

かっちゃんはあの日に自称21歳の女子大生と約束してゲットしたと言うのです。

「それほどの美女ではなかったんですが、一緒に居酒屋で盛り上がってしまって、いやいや、大変でしたよ」

大変といいながらもかっちゃんの顔はやにさがっているのです。

「オレも大変な目にあいたいものだ」

口惜しさを隠し、私はそれから仕事の合間をぬって、中毒患者のようにテレクラに通うことになったのです。慣れというのは恐ろしいもので、相手の声を聞いただけで冷やかしなのかそうでないのかも分かるようになりました。

明菜ちゃんの苦い思い出

池袋のテレクラで即会いたいという話になりまして、夜の8時過ぎに約束の西口公園で相手を待っておりました。このころ私は渋谷・新宿・池袋などのテレクラに出没していたのです。

「ケンさんですよね。明菜です。お待たせしてごめんなさい」

やってきたのは茶髪のスレンダーな娘です。女子大生と聞いておりましたが、ブランド品のバッグを肩から下げて、切れ長の目は意志が強そうです。

「お寿司屋さんに行きましょうか？」

一緒に食事をして、彼女の性格などをチェックしてその後のことを考えるのが私流のやり方です。

「私、食事はいいです。食べちゃったし」

「じゃあ、軽く一杯付き合ってください」

お寿司屋さんに誘って断る女性は珍しいのですが、気にせず近所の高級寿司店に入りました。ビールとつまみを頼みましたが、明菜ちゃんは落ち着かない様子で、電話をかけに何度か店の外に出ました。

「私、11時までしか時間がないんです」

「そうなんですか……」

魅力的ですが、彼女は自分のことをほとんど喋っておりません。

「私ね、歳の離れたオジさんが好みなの」

まさかの展開になってきました。歳の離れた足長ジイさんとは私のことじゃないですか。いや、訂正します。足は短いので短足ジイさんでした。

「包容力があって優しくて……。ねえ、これでどうかしら？」

明菜ちゃんが３本の指を立ててました。

「それは……」

援助交際を持ちかけてきたのですが、私はクビを縦に振りませんでした。お互いが楽しく会話して相手のことが分かればいいのですが、それなしでは買春になってしまいます。銀座のホステスさんとお付き合いをして多額の謝礼を渡すこともありますが、それは結婚も前提として考えてのことですので、私としては買春しているつもりはないのです。

「分かった。じゃあ、どこかで呑みましょう」

明菜ちゃんはいじけることもなく一緒に寿司屋を出ました。西口のラブホ街近くのバーで一杯飲むと彼女が可哀想に見えてきました。9時を過ぎているので11時がラストタイムの明菜ちゃんと過ごす時間は少なくなってきます。

「もう一軒行きましょうよ」

彼女は西口の狭い通りをクネクネと歩いていきます。その向こうにラブホの看板がぼんやりと見えます。入るべきか入らざるべきか。私は周囲に注意を払わずに邪《よこしま》な考えに染まっておりました。

「コラ、ちょっと待て」

すると突然、薄暗い通りのビルの陰から黒い影がふたつにゅっと出てきました。見上げるような巨体の2人組です。

「きゃ」

叫んだ明菜ちゃんは脱兎の如く暗闇の中へ姿を消しました。

「おっさん、カネ出せよ」

坊主頭が私の襟首に手をかけます。その前に逃げなければいけないのに酒のためなのか一瞬判断が遅れてしまったのです。まさか池袋のような大都会でカツアゲに遭うとは想像すらしていなかった自分の甘さを恥じました。

「ちょっとやめてくださいよ」

相手が刃物を持っているかもしれないので刺激してはいけませんが、こんな輩におめおめと金を渡したくないのは当然のことです。

「うるせえ。殺すぞ」

押し殺した声で凄みます。しょうがないので背広の上着に手を突っ込んでごそごそと手を動かしました。財布は持たない主義ですので、いたるところのポケットにお金は無造作に入れてあります。

「おい、何をしているんだ」

そのとき、暗闇の向こうから自転車に乗った警官がやってきたのです。

「やべっ」

カツアゲ野郎たちが逃げ去っていきました。

「大丈夫ですか」

若い警察官が神様のように見えたのは当然のことでありました。なんでもこの界隈でカツアゲの事件が頻発しているといい、パトロールを強化しているらしかったのです。

「その女もグルでしょう。気をつけてくださいよ」

事情を近くの交番で聞かれましたが、なるほど明菜ちゃんもグルだったのかもしれません。

この事件があってからぷっつりとテレクラとは縁がなくなりました。サクラの客が多くなり、援助交際目当ての客も増えました。全く魅力的ではない時代になったのです。

出会い系喫茶にハマる

「社長、面白いお店ができましたぜ。さあ行きましょう」

21世紀に入ってほどなくした時期だったと思います。風俗関係に鼻が利くかっちゃんが目を輝かせて事務所にやってきました。あの黎明期のテレクラをいち早く紹介してくれた助平の最前線にいる男です。

「これから夕方のティッシュ配りがあるんだけど」

当時、私は通勤時間と退社時間に丸の内仲通りで率先してティッシュ配りをしていたのです。

「そんなのバイトに任したらいいじゃないですか。決戦は夕方ですから」

「だけど責任者の私がいないと……」

「じゃあ、やめますか？」

戦闘開始は午後6時だと言うのです。時計を見ると4時を少し回ったばかりでした。

「しょうがない。社会勉強も大事ですからね」

「はいはい、つべこべ言わずに行きましょう」

向かった先は山手線の恵比寿駅です。

「ここです」

駅から3分程度の幹線道路沿いの新しいビルを指さしました。電飾の看板も何もない新しいオフィスビルです。そこの7階にある「チューリップ」（仮名）が出会い系喫茶でした。70㎡ほどのワンフロアで窓が大きく、壁紙も綺麗で清潔感が溢れる一室の入り口に受付があります。

「初めてですか？　入会費が５０００円、今日の入場料が２０００円になります」

白髪が目立つ黒いベストを着た店員が微笑んでくれます。用紙に住所、氏名、連絡先などを書き込んでめでたく会員になることができました。免許証など身分を確認できるものの提示は必要ないので、テキトーに書いても会員になれるシステムのようです。

「女性は無料で会員になることができます。気に入った女性がいた場合にはトーク希望の用紙をこちらに提出していただければ10分間トークルームで会話ができます。その費用は一回につき２０００円です。それでお二人がお互い気に入れば外出していただくシステムです。外出料金は３０００円になります。現在女性のお客さんはお一人しかおりませんが、これから夕方ですので、会社帰りのＯＬさんなんかが来られますよ」

店員が説明してくれました。

部屋の真ん中がガラスで仕切られており、２ｍくらいまでスリガラスになっています。女性スペースと男性スペースに分かれていて、男性スペースには大型液晶テレビが壁にかけられ、パソコンが５～６台置かれています。

たった一人いた女性客は20代後半ぐらいの小柄な方でしたが、俯《うつむ》いてファッション雑誌に目をやっているし、スリガラスのために顔がはっきりとは見えないのがもどかしいのです。

ぼちぼちとお客さんが増えてきました。ネクタイにスーツのサラリーマン風の助平そうな中年が多く、女性客を品定めしています。

「お前ら、他にやることないのか？」

腹の中で突っ込みを入れますが、自分も同じ穴の貉《むじな》であることをきれいサッパリと忘れている自己中心の権化《ごんげ》であります。壁に架かっている液晶テレビでは夕方のニュースが流れています。音声を聞きたい客は机に備え付けられているワイヤレスのイヤホーンを耳にすればいいので、室内は静寂に包まれています。静寂といっても空気は思いっきり熱い。女性がドアを開けて入ってくる度に男性全員の視線が槍《やり》のように突き刺さります。静かだけど鉄火場のような異様な雰囲気に圧倒されそうになります。

高価そうなブランドバッグを下げたＯＬ風の女性たちもぽつぽつ現れるようになりました。銀座のホステスさんのような化粧ではなく、素人然とした女性が多いのは新鮮でした。

「ほう、本当にＯＬがやってくるんだね」

「来た女性にお店側は交通費として500円支払っているんですって。それと男性会員からのトークの指名があるとキックバックもあるようです」

「なかなか上手い経営戦略だね。じゃあ会員になりたい女性がわんさか押し寄せてくるってわけ？」

「それが年齢とか容姿をチェックされて、一定水準以下の女性は受付でハネられるようです。だからここはレベルが高いんです」

自分の店でもないのに、かっちゃんは鼻を膨らませます。

「あのね、初めて来る女性や、擦れていない女性が狙い目ですよ」

「そんなのがいるの？」

「いますって。ボクはそれだけで3人と仲良くなりましたもん」

「そりゃあ、いいね」

私も新人のホステスさんを狙う癖があるので、かっちゃんと嗜好《しこう》は似ています。といいますか、手垢がついていない女性を求めるのは男の本能ではないでしょうか。

「気に入ったら近くのラブホにゴーすればいいんですから」

「ラブホがあるの？」

「この通りの向こう側におしゃれなラブホが4軒ほどかたまっていますから便利です

よ」

かっちゃんは都内のラブホ事情にも精通しています。酔った相手に考える時間を与えずラブホへ連れ込むのが彼の得意技ですから、ラブホは必須アイテムとしてインプットされているのです。

「ボクはラブホより、シティ・ホテルのほうがいいんだけどな」

「社長はそんな悠長なことをしているから大物に逃げられてしまうんです。シティ・ホテルに向かうタクシーのなかで余計なことを考えさせてはいけないんです。酔った勢いが大事だと何度も言っているじゃないですか」

そうなんです。最後の詰めを誤ったばかりに逃がした獲物が何度かありましたから、かっちゃんが言うことにも頷けます。

6時を少し回ったときにドアが開いて、肩まで髪を伸ばした、すらっとした女性が入ってきました。淡い緑のツーピースがフィットしているべっぴんさんです。

彼女が受付で自分の名前や会員番号を記入している間に、40代ぐらいの男性会員が素早い動きで受付にトーク希望カードを提出しました。それに続いて3人の男性が素早くトークカードを出します。

「彼女は滅多に店に来ないんです。多分モデルだと思うんですけど、彼女を狙っている男は多いんですよ。オレも立候補します」

まるで国政選挙に立候補するかのように肩を揺らしながらかっちゃんもカードを受付に差し出しました。

「5人の方が希望を出していますので、抽選をします」

店員がカードをシャッフルして無造作に引きました。

「78番の方が最初です。続いて47番……」

事務的な声が室内に拡がりました。

「あちゃ、4番目でした……」

照れ笑いを浮かべたかっちゃんが席に戻ってきました。

「相手が気に入らなければ外出できないんだから、可能性が消えたということじゃあないだろ」

「1人、2人なら可能性があるかもしれませんが、3人をキャンセルするってまずないんです」

1番目の男は頭が薄くなった風采の上がらない中年男でして、5分ほどしてから照れ笑いをしながら戻ってきました。

「よしよし」

声には出しませんが、店内の男どもが皆腹の中でほくそ笑んだのがわかります。

「次の方どうぞ」

店員に促されて行ったのは今度も風采が上がらない腹が出た中年男でありました。

「こりゃあ、かっちゃんまで回ってくるかもね」

「そうだといいんですけど、運を天に任すしかないですからね」

かっちゃんの目つきが少しギラッとしてきました。ところがです。

「外出ですか。ではお気をつけて」

店員はあっさりと言い放ち、べっぴんさんと外出を決めた2人目の男に優しく声をかけて3000円を受け取っていました。

「クソっ、あんな助平野郎と外出するなんて……」

自分のことは棚に上げてかっちゃんはボヤキます。

同郷の女のコ

「社長は今日もティッシュ配りは欠席ですか？」

女性事務員が訊きます。

「ウン。商談があってね。悪いけど任せるから」

私がチューリップに通い始めたのは言うまでもありません。なにしろ有楽町から恵比寿は地下鉄日比谷線で一本ですから便利で、今日はどんな娘が来るのかと考えるのが楽しいのです。これは銀座の高級クラブでは味わえない楽しみですし、顔が見えるところがテレクラよりもずっと魅力的であります。

「いらっしゃいませ」

週に3回は夕方5時半にチューリップへ出勤するようになりました。店員は「助平ジジイが今日も来やがった」と思っているでしょうが、客に対してそんな顔を見せることはしません。お店の売り上げがあがるのですからウエルカムなわけです。

「こんにちは。初めまして」

指名した相手はまだ幼さが残っている女の子でした。もう帰ろうかなと思った7時ごろに入ってきたニューフェイスです。店員がポラロイド写真を撮ってカードを作り上げたと同時に指名した娘です。

「私、初めてなんです」

おどおどして周囲を見渡すくるくると回る大きな目が印象的な娘さんで、自己紹介のカードには20歳学生と記されています。

遠目にはなかなかいい感じだと思ったのですが、目の前で見るとちょっと陰のある、背伸びをした芋姉ちゃんの雰囲気があります。残念ながら私の好みではありません。

「ご出身はどちらですか？」

「和歌山です。知っておられますか？」

意外な答えです。

「へえ、和歌山のどこですか？」

「南の白浜です。温泉で有名ですけれど」

兵庫の有馬温泉と並んで関西の奥座敷の白浜温泉は私の縄張りであります。

「じゃあ、食事に行きましょう。ボクも和歌山には縁がありますから」

瞳ちゃんと名乗る娘と外出することになりました。

「白浜のどこら辺に住んでいたの？」

近くの高級そうな居酒屋で向かい合って座ります。

「白浜を知っているんですか？」

「うん、何度か行ったことがあるから」

「役場から下って、白良浜《しららはま》沿いの道をちょっと上がったところです」

瞳ちゃんの言葉にウソはないようです。

「たしかそこには有名なお寿司屋さんがなかったっけ？」

「○○寿司でしょ。わあ〜、よくご存知なんですね」

それまで暗い表情だった彼女の顔が明るくなります。

「どうしてあのお店に来たの？」

「同級生のコから足長オジさんがいるから、と聞いてきたんです」

「じゃあ、意気投合すればホテルに行く覚悟もあるの？」

「それは……。まあ、素敵な方ならと思っているんですけど……。私、看護系の学校に通っているので、アルバイトが自由にできないんです。母子家庭なので母の仕送りの苦労を減らしたくて……」

「それで枕営業をしようと思ったの？」

なんて意地の悪い台詞《せりふ》を吐いてはいけませんし、

「こんなことは止めたほうがいいよ」

なんて説教クサい台詞も吐いてはいけないのです。社会勉強をして自分で納得するのが一番だと私は思います。

「ボクね、ちょっと仕事があるので、ここでお別れしましょう。かれこれ1時間以上も楽しい時間を過ごさせていただいたので、これはお礼です」

瞳ちゃんの手に数枚の諭吉さんを握らせ、私は一人で立ち去ったのでした。

黒服さんに教わる

恵比寿のチューリップになぜ固執して通っていたのか？ 素敵な女性との出会いを求めるのは当然ですが、それ以外にも目的がありました。

「あれ？ こんばんは。お仕事終わりですか？」

「沢田さんでしたっけ。どうしたんですか？」

恵比寿駅近くの歩道でばったり会ったのはチューリップの店員の片山さんでした。沢田というのは私が店で使っている偽名です。

「この近くで食事をしていましてね。知人と別れて飲み足りないのでもう一軒行こうかと思っていたんです。ちょっとだけお付き合いいただけませんか？ もちろん支払いはこちらが持ちますので」

「いやぁ〜、困ったな」

「そう言わず、助けると思って……」

白髪交じりの片山さんは渋々頷きました。

「お疲れ様でした。じゃあ乾杯」

近くの高級焼き鳥屋に片山さんを誘い、ボックスシートでビールのグラスを合わせました。

「それにしても沢田さんも熱心ですね。週に2〜3回来ていただいて、ありがとうございます」

「素晴らしい出会いの場を作ってくださって、こちらも感謝しているんです」

銀座の高級クラブでもそうですが、客の案内をする黒服さんのことを私は大事にしておりました。黒服さんはアンテナを張り巡らしているので情報に明るく、私が狙ったホステスさんの情報やそのお店のママとの関係も把握しています。それと同じで出会い系でも店側の方と仲良くしておくのに損はないとの計算もありました。

「実はボクは独身でしてね。素敵な出会いを求めているんですよ」

「てっきり奥様がいらっしゃるものだと思っていました」

「いえいえ、2回もカミさんには三行半《みくだりはん》を突きつけられまして。女運がないんでしょうね。片山さんはオーナーですか？」

「いえ、雇われ店長ですよ。ただオーナーは全てを任せてくれてますので楽といえば楽です」

「それにしてもたくさんの女性たちが来ますね。失礼ですが、サクラの女性っているんですか？」

「そんなのはいません」

「本当ですか？」

「本当です。サクラを使ったらお客さんは逃げてしまいますから。それと女性会員には週に3回以上は来ないでくれと決めているんです」

「ほう。それはどうしてですか？」

「同じ顔触れだと男性客が逃げてしまうからです。それと店で商売されてはたまりませんから、店内では男性会員に援交を求めるのもご法度にしているんですよ」

「よく計算されているんですね。片山さんから見て、あのお店にくる女の子でナンバーワンは誰ですかね？」

「……好みがありますからねえ。沢田さんの好みは？」

「清純でスレていないことですかね。清く正しく美しくて、それでいてナイスボディなら最高なんですけど」

「ゴホッ」

ビールを口に含んでいた片山さんがむせました。

「そりゃあ、まるで宝塚歌劇団ですね」

「ええ、できればベッドの上では宝塚過激団に変身して欲しいものです。しかし、よくもこんなお店を思いつきましたね」

「オーナーが賢いんじゃないですか。でもポツポツとウチの真似をしたお店が出来てきていますので、これから競争になるような気がします」

出会い系の元祖は大阪のお店であることも聞き出しました。なんでも大阪、名古屋、そして東京にチューリップがあるというのです。そこで私は大阪へ向かったのです。

大阪はやっぱり派手だった

大阪駅から新御堂《しんみどう》を越えて徒歩5分ほどのところに阪急東通りのアーケード商店街があります。パチンコ屋とか食い物屋、そして奥に向かうと風俗関係のお店がズラリと並んでいる雑多な商店街ですが、人通りは真夜中まで絶えることはありません。大きな道路の向かい側は兎我野町《とがのちょう》という昔の赤線地帯でして、現在は何十軒ものラブホが連なっているラブホ街となっています。風俗店の看板も立っていますので青少年には向かない街です。夕方になると立ちんぼの女の子も出現するエリアでもありますが、まだ午後5時を過ぎたばかりなので風俗店も営業しておらず嵐の前の静けさでありました。

大阪のチューリップはラブホ街の近くの古い雑居ビルの4階にありました。かっちゃんが指摘するように、ラブホの近くに立地しているのは周到な計算なのだと理解しました。キーキーと金属音がする年代物のエレベーターに乗っていくと、フロアの片隅にチューリップがありました。恵比寿のそれが清潔感に溢れているのに対して、ここは狭くて薄暗いのです。

「あっ、東京からっすか」

入り口にある小さなカウンターにはスーツは着ているけどチャラそうな茶髪の兄《あん》ちゃんがおりまして、私の会員カードを見て言いました。

「会費は無料ですので、入場料だけ2000円お願いします。ルールは東京と同じで、こちら側が男性で、そちらが女性席になっています」

部屋の真ん中にスリガラスの仕切りがあり、男性側のスペースには8人ほどしか椅子はありません。漫画や雑誌、そしてスポーツ紙が用意されており、壁に大型液晶テレビが架かっています。30代のサラリーマン風の兄ちゃんがタバコをふかしながら漫画をめくっています。女性客は1人だけ。茶髪のボテッとしたオカメのような下膨れの娘です。当然スルーして私は部屋の片隅に腰かけてスポーツ新聞に目を通しておりました。

「恵比寿のお店は盛況ですか？」

受付の兄ちゃんが隣に腰かけました。

「うん。かなり質のいい女の子が来ているからね」

「へえ、そうですか。ところで、お客さんはどんな女性が好みですか？」

「エッ？どういうことですか？」

「好みの女性がいたら下で勧誘してこようと思いましてね」

「いや、ボクは大阪ではどんな女の子が来ているのか見たいと思って来たんです」

親切なのか商売熱心なのか。こうやって従業員が客に対して女の子を斡旋する行為は違法なのですが、私は知らないふりをしておりました。

「ちょっと、来てくれないかな。女の子の数が少ないからさ……。ウン、支払うから」

同じフロアのトイレに立ったときに、先ほどの兄ちゃんが携帯電話を使っているのが聞こえてきました。どうやらサクラの女性を呼んでいるようです。恵比寿のお店とは営業方針が異なっていることが分かりました。そりゃあサクラを使ったほうが効率はいいでしょうが、客にそれを見破られたら客足は遠のいてしまうのです。

恵比寿と同じように午後6時ごろには男性客も多くなりました。

「おお、今日はどないや？」

「まだ女の子は少ないですわ」

「そうか。そりゃあ残念やのぉ」

パンチパーマで四角い顔の五十絡みのオッサンは、店に入るなり従業員と親しげに喋っております。首には太い金色の喜平ネックレスがのぞき、脇にはセカンドバッグを挟んでいるというレトロなオッサンであります。アッチ系の方であることは明らかでありまして、この類の客を恵比寿では見たことはありません。

「この前の女な……新地の姉ちゃんがな……」

オッサンは従業員とひそひそと言葉を交わしながら時々、

「ひゃっ、ひゃっ」

と下卑た笑い声を上げています。

このお店の男性客は自営業者が多いのか服装がラフであり、スーツ姿は2～3人しかいません。恵比寿の店と共通しているのは若い男性はいないということでしょうか。

恵比寿と異なっているのは女性客の服装や化粧が派手であることです。ヒョウ柄模様の服が大阪のおばちゃんの代名詞でありますが、若い女性も東京では見ないような派手な服装でやってきますし、持っているバッグも派手なブランド品で水商売風の方が多いのには驚きました。

真っ赤な口紅の美咲ちゃん

指名したのは白い半袖ワンピースの若い娘でした。

「初めまして。東京から来たんですよ」

20歳の学生と記入されている紹介カードを手に美咲ちゃんに話しかけます。肩までの茶髪に真っ赤な口紅はミスマッチだと思いましたが、嫌われるのはイヤですので当然の如く口にはしません。

「へえ、東京、ええなあ。標準語ってめっちゃカッコいいやん」

大阪のような大都会でも東京への憧れを口にする娘が多いのには驚きます。特にスマートな東京弁に憧れていることは、新地でもミナミでもホステスさんから聞いたことがあります。

「ちょっとお茶でもしませんか？」

「いいよ。奢《おご》ってくれるんでしょ」

「毎日のように来ているの？」

「うん。暇があればね」

「いい人と出会った？」

「そんな人はおらん。助平なオッサンばっかりやもん」

「美咲ちゃんは学生だよね。何の勉強をしているの？」

「専門学校行ったんやけど、やめて今はプーやねん。だからあそこの店には交通費と小遣い稼ぎに顔を出しているだけ。受けるでしょ」

近所の喫茶店でチョコレートパフェにスプーンを突っ込みながら美咲ちゃんはケラケラと笑います。

「そりゃあ、受けるね」

なんて返したいのですが、さすがにそうは言えません。

「オジサンはどんな仕事をしてんのん？」

「不動産関係だよ」

「ウソくさー。千三屋《せんみつや》やん」

「随分と難しい言葉を知っているんだね」

「おじいちゃんが不動産屋をやっていて、不動産屋を信じちゃいけないって口酸っぱく言われていたから。舌先三寸やって」

なるほど、やはり教育は大切だと痛感しました。たしかに不動産業にはそんな面があったのも事実です。１０００に３つしか本当のことを言わないことを千三つと言いまして、それが長い間不動産業者のことを指しておりました。１０００に３つしか契約が取れない業界だから、という説もあります。

駅から5分という触れ込みの建売住宅が実際は20分かかるのに、それはクルマで5分という意味だと居直って、誇大広告で売りまくっていた時代があったのです。私は実際にマンションやアパートを何棟も所有していますが、さすがにそのような滅茶苦茶をしたことはありません。しかし、バブルの頃は、「バス停3分」と宣伝していた戸建てが客に見せる時だけ営業マンがバス停の看板を移動させてきたものだったり、「コンビニ近し」というのが暴走族のたまり場で毎晩騒音に悩まされる物件であったといったことが平気であったと聞きました。職業に貴賤《きせん》はないと建て前では言っておりますが、それがウソであることは前作でも説明した通りです。

現在は不動産業者の過失責任が問われることになったし、財閥系の大手デベロッパーが幅を利かすようになったために、不動産会社の社員も肩身が狭いなんてこともなくなりました。

「青年実業家にも気をつけろっておじいちゃんは言ってた」

素晴らしいおじいちゃんではありませんか。世で言う青年実業家にロクなヤツはいないというのは定説でありまして、親の財産を食いつぶしていくならまだいいのですが、出資を募るような商売をやっているヤツはまず信用しないほうがいいのは当たり前のことです。

「この青年実業家は凄い」

マスコミがヨイショする記事を鵜呑みにしてはいけません。記者は記事を書くのが仕事で責任は取らないので、針小棒大に煽《あお》っていると思って間違いありません。実情は「青年虚業家」というのが多く、「詐欺師」「ペテン師」と呼ばれる輩も少なくありません。

「もう時間だから行っていい？」

「え？　お金はいいの？」

「私は売りはせえへん。自分から気に入ったら金抜きでも付き合うから」

「ヤクザっぽいのに引っかかるんじゃないよ」

「絶対に大丈夫やから。こう見えても人を見る目はあるねん」

「そんなふうには見えないけど……」

「だってこうやってオジサンと店外デートしてるやん。オジサンは初めからホテルに行く気なさそうなん分かってたから……。どう？　見る目あるでしょ」

見事な切り返しであります。

かなわなかった夢

次に向かった先は名古屋の「チューリップ」でありました。東京・大阪・名古屋と三大都市圏の出会い系を制覇したわけです。「どんだけ助平なんだ」という声が聞こえてきそうですが、そうではありません。私なりの計算があったのです。

名古屋の店は名古屋駅から10分ほど車で行った繁華街・女子大小路の一角の2階にありました。飲食店街が並び、ラブホもそう遠くないところにある立地条件です。

ここも大阪と似ていて、質のそれほど良くない女性が多く、サクラもかなり交じっているようです。なぜ私がこんなにも出会い系に固執していたのか？　私はコレが商売になると直感したからです。つまり、大阪・名古屋の店に行ったのは市場調査。マーケットリサーチというわけでした。

そこで知人の信ちゃんに相談しました。風俗関係の仕事に詳しく、警察関係にも顔が利く男であります。

「信ちゃん、このような店だったら上手くいくような気がするんだ」

　恵比寿の店に連れていって具体的にどうするのか説明しました。

「テナントの賃料と内装工事代金、それと黒服の給料くらいだから初期投資は2000万円もしないで商売できるような気がするんだよ」

「女の子の手配は？」

「それはティッシュ配りでなんとかできるだろうし、繁盛したらマスコミも取り上げてくれるから大丈夫だと思っているんだ」

なにしろチューリップ恵比寿店の片山さんからノウハウを聞いていますので自信はあります。

「社長がそれほど言うのならボクも調べてみましょう。もしかすると、この商売は化けるかもしれませんね」

　信ちゃんも恵比寿のお店の雰囲気は気に入ったようです。2000万円程度の投資であれば失敗したとしても諦めがつきます。

　東京で成功し、それを全国展開していくプランも頭の中で描きました。テレクラがあれほど乱立したのですから、出会い系はもっと人気を呼ぶことは確実だと思いました。机上の計算ではテレクラよりも安く開業できます。テレクラ業界への参入に躊《ちゅう》躇《ちょ》した反省も込めて、出会い系のオーナーになることに決めたのです。

出店場所は五反田と大塚にするつもりでした。どちらも山手線沿線で、オフィスビルも少なくありません。大塚は池袋の隣駅ですが、池袋と比べて賃料はそれほど高くないし、ラブホテル街も充実しております。五反田も同じように品川や目黒ほど賃料は高くなくこちらもラブホ街があります。

下見に何回か出かけて街の雰囲気も分かったので、地元の不動産屋さんにも顔を出しておりました。後は従業員の問題です。信頼できる年嵩《としかさ》の方を探すのが難しいんです。大阪や名古屋のような兄《あん》ちゃんの店員はターゲットにしているサラリーマンとは水と油のようなものです。ちゃらちゃらした兄ちゃんはそこらに転がっておりますが、人の好《よ》さそうな年嵩の方はなかなか見つかりません。

「社長、ご相談がありますが」

信ちゃんから連絡がきて銀座の割烹で会うことになりました。ビールで乾杯をしたのですが、信ちゃんの顔色がすぐれません。

「社長、言いにくいのですが、出会い系は止めたほうがいいです」

「え、なんで？　もう物件の目星はついているのに」

「たしかに、社長の目のつけどころはさすがだと思いました。ボクも儲けられると思って調べたんです。ところが、警察はあまりの繁盛を注視していて規制する方針を固めたようです。来年にはなんだかんだと理由をつけて廃業へ持ち込むようです」

「本当ですか？」

警察関係にも顔の広い信ちゃんですから彼が言うのならまあウソはありません。信ちゃんも資金を出そうとしていたんですから悔しさは一緒です。

「買春の温床になる可能性がある店としてマークしているらしいですよ」

「実態はそうでもないんだけどねえ……」

警察が狙いをつけたら、風営法を盾に潰しにかかるのがお決まりです。出会い系のオーナーとなって日本を制覇をする夢はこれでなくなりました。諦めるときはスパッと諦める。これが痛い出費を防ぐ方法であります。

信ちゃんが指摘したようにチューリップは数ヵ月後に閉鎖されてしまいました。大阪や名古屋の店も跡形もなくなっています。今でもあのお店が懐かしいと思っているのです。

第七章　ドン・ファン、ついに結婚す

周囲もビックリ仰天

「社長、ホンマですか？　それって犯罪ですよ」

番頭のマコやんが絶句しています。そうなんです、私、2018年2月8日の朝に彼女と一緒に田辺市役所へ行きまして、めでたく入籍を済ませることができました。お相手のSちゃんは21歳のモデルさんでありまして、167センチ。私よりも10センチ高いノミの夫婦誕生というわけです。

このことは誰にも相談しないで二人だけで決めた電光石火の入籍でした。ですから冒頭のマコやんにも事後報告でした。ハトが豆鉄砲を食らったようなマコやんもバツ1の独身男ですが、まさか私が先に再婚するとは思ってもいなかったのでしょう。

「まるで孫娘と結婚したようなものじゃないですか」

マコやんだけでなく周囲の同年配の知人も同じようなことをおっしゃいます。

「私は子供もいませんけれど、孫は特に可愛いというじゃないですか。それと同じようなものです」

有名人だと加藤茶さんが45歳差の再婚で話題になりました。私たちは55歳の年の差婚ですから、それを軽く超えております。

唯一の欲は性欲だけという私は美女とエッチをするためだけにお金を稼いできました。貧乏でしたから女性とお付き合いできるようなお金もありませんでした。喫茶店でデートするお金さえなかったのです。お金を稼ぐために中学を卒業してから、戦後の混乱期の鉄屑拾いから始まって、コンドームの訪問販売を思いつき、農家のおばさんを相手に実演販売も行っていました。その後金主《きんしゅ》となって金が金を産み、そして免許を取得して貸金業も始めました。高級ホテルを相手に酒類販売業や不動産業も始めてなんとか財を成すことができたのですが、私生活ではバツ2の独身ジジイで和歌山県田辺市の一軒家に、愛犬のイブちゃんと暮らしています。

種なしスイカなのか子供もおらず面倒臭い親戚付き合いもありません。掃除洗濯などはお手伝いさんがやってくれますが、やはり妻という名の恋人を求める欲求を抑えることはできませんでした。

「ボン・キュッ・ボンのナイスボディで純情可憐な花嫁募集中。待遇最高、要相談、お試し期間あり」

新聞に求人広告でも載せたいと思いましたが、やはり自分の目で探すしかありません。ご存知の通り、私の基本はナンパでして、気に入った女性には「ハッピー・オーラ、ハッピー・エレガント、ハッピー・ナイスボディ、私とデートしませんか、エッチしませんか?」の口説き文句を垂れまくっておりました。振られても、振られても元手はタダですから人目など気にもしないのです。

毎週のように自宅近くの南紀白浜空港から、自転車代わりの飛行機に乗って上京して美女との逢瀬を楽しんでいたのですが、根本は結婚相手を探していたのです。清楚で純情可憐、それでいて夜も楽しい床上手のべっぴんさんが私の好みでありまして、そんな女性は絶滅危惧種くらい見つからないことも分かっておりましたが、妥協はしたくありませんでした。

高いハードルを乗り越えて

Sちゃんはボン・キュッ・ボン、胸にはDカップを忍ばせている私の理想のナイスプロポーションのべっぴんさんであります。しかし、ここにくるまで、私も相当痛い目にあってきたのです。

「プロポーズを受け入れたいんですけど、元カレに借りていたお金があるのでそれを清算しないとできません」

3年ほど前に付き合ってプロポーズをしたM子ちゃんが涙目になって言いました。

大手芸能事務所に所属している女優の卵だと自称していまして、人目を惹くような外見と優しい仕草にメロメロになっていたのです。なんとかM子ちゃんを自分のものにしたいという欲求を抑えられません。

「それでは私が何とかしましょう」

それで借金の2000万円を肩代わりしてやったのです。

「ありがとう」

鼻にかかった甘ったるい声に鼻の下をベローンと伸ばしたものです。東京の彼女のマンションから家財が運ばれてきまして、さあ、入籍という段になってプッツリと彼女と連絡が取れなくなりました。そしてそのまま糸が切れた凧のようにドロンしてしまったのです。

運ばれてきた家財は古道具屋で揃えたようなものばかりで、洋服が入っている段ボール箱の中身も古着だったと従業員から聞きました。

民事の損害賠償裁判を起こそうかとも考えましたが、彼女には資産がなくて返済は不可能なので諦めました。その他にも千万円単位を貢いで結婚寸前までいった何人かの女性に逃げられた苦い過去があったのもここで告白しておきます。やっぱりジジイが若い女性と結婚するハードルは、あまりに高いのです。

それもこれも勉強代と自分に言い聞かせて前向きに女性を口説いてきました。その間には女性からのアプローチもありました。

「私と交際しませんか？」「結婚前提でお付き合いをしませんか？」

『紀州のドン・ファン』を上梓した後で全国から沢山のファンレターをいただきましたが、全員がオーバー40歳以上の人生のベテランさんでありまして、中には70代の図々しい方もおります。

「こんな婆さんとオレが付き合うワケないだろ。どうせ財産目当てだろうから」

「いやいや、社長と年齢が釣り合っているではないですか。これはこれでよろしいんじゃないですか？」

他人事ですから番頭のマコやんは笑って言います。しかし、です。ここで妥協したら男が廃《すた》ります。地球には40億人もの女性がいるのです。片っ端から声をかけるくらいでないと私のような後期高齢者の結婚なんて夢のまた夢でありますから、ナンパ三《ざん》昧《まい》の日々を過ごしてきたのです。

プロポーズの言葉は？

昨年秋に羽田空港で転んだ私を優しく助けてくれたのがSちゃんでありました。もちろん計算ずくの転倒でありまして、コケるのも歳の功、亀の甲であります。

「ありがとうねえ。お礼にお食事でもいかがですか？」

後日Sちゃんを一流料亭で歓待したのもいつものルーティンワークであります。パッと目には派手な顔立ちのべっぴんさんですが、キャピキャピの騒がしい娘ではなく憂いを帯びた口数の少ないお淑《しと》やかな美女です。そんなところも私の琴線に触れたのです。男は憂いのある女性に弱いものなのでしょう。逆に言うなら女性は憂いの表情を浮かべればモテるという秘訣になります。

都内で暮らす彼女はファッションモデルとして海外も飛び回っているので、なかなか会うチャンスはありませんでしたが、東京や京都、和歌山でもデートを繰り返しました。

「キミと結婚できなかったらボクはここから飛び降りますよ」

京都の清水寺では舞台から飛び降りる仕草も見せたのですが、Sちゃんはお口ぽかんでありました。やはり激しいジェネレーションギャップがあります。しかし、です。念ずれば叶う……。これなんか私のために作られた言葉のようです。

「キミの人生をピンク色に染め上げたい。ボクの最後の女性になってくれませんか？」

プロポーズの言葉にこっくりと頷くSちゃんの笑顔に、舞い上がる気持ちを抑えられず、愚息も狂喜しておりました。気が変わったら大変ですので、戸籍謄本を取らせて8日の朝に市役所に一緒に行って電撃入籍をしたのです。

「社長、仏滅でっせ。縁起が悪いんじゃないですか？」

マコやんが心配してくれましたが、仏滅だろうが赤口《しゃっこう》だろうが、気にもしません。

「財産目当てじゃないんですか？」「年齢差が大きすぎますよ」「エロジジイと思われますよ」

周囲の雑音も全く気になりません。

「はいはい。エロジジイで結構ですよ」

どうせ嫉妬をしているのでしょう。金持ち喧嘩せずとは昔の人は名言を残したものです。

怒られるのでSちゃんとの夜の実況生中継は控えますが、コロコロと水を弾く張りのある白い肌。北海道出身というだけあって白磁のような肌で、吸いつくようなモチ肌であります。ペッタンペッタンとベッドの上での餅つき大会も楽しいものです。それが盛り上がると全身がほんのりと上気してピンク色に染まってくるのですからタマランチ会長であります。

若い娘がいいのは何よりも他の男に染まっていないところです。自分色に染められるのですから、毎晩ぬり絵をしているようなもので、レッスンに熱が入るのはわかっていただけると思います。汚《けが》れを知らないピンクの谷間からウイスキーの語源ともなっている命の水、ウスケボーがコンコンと湧き出すのを口にするのが、若さを保つ秘訣だと確信しています。噴水の如く噴き上げる命の水をペチャペチャと舐め尽くすのは至福の時でありまして、寿命がどんどん延びている気がします。

「本当にできるんですか？」

失礼な質問も多く受けます。

「ええ、日に3回はノルマですから」

バイアグラを使ったこともありません。「セサミン」と「カイコ冬虫夏草」を飲んでいるのが効いているのかもしれませんが、いつも元気ハツラツであります。

どうせ私は時代劇でいう悪役の越後屋ですから、読者の99％の方が破談を願っていることも理解しております。しかし、誠に申し訳ありませんが、少なくとも私は幸福になる自信があります。

ハッスルしすぎて腹上死する危険性もありますが、それで天国に行けたら本望だと達観する毎晩です。彼女も一緒に「行く行く」と同意してくれていますから……。

神棚にでも飾っておきたいSちゃんです。箱にでも仕舞っておきましょうか。これが本当の箱入り娘ですかね。

少子化日本を救うためにお励みをするのも当然のことでありまして、これからも毎日3度の勤行《ごんぎょう》を続けるつもりです。

取材・構成／吉田 隆

野崎幸助－1941年、和歌山県田辺市生まれ。酒類販売業、不動産業などを営む実業家。地元の中学を卒業後、鉄屑拾い、コンドームの訪問販売、貸金業など様々な商売を手がけ、裸一貫で億単位の財を成す。2016年２月に50歳下の愛人に6000万円相当の金品を盗まれワイドショーなどで話題となり、同年12月に上梓した『紀州のドン・ファン　美女4000人に30億円を貢いだ男』（講談社刊）がベストセラーに。「いい女を抱くためだけに生きる」と断言する野崎氏の人生観に、感銘を受ける日本人がジワジワ増加している。

講談社＋α文庫 紀州《きしゅう》のドン・ファン 野望篇《やぼうへん》
── 私が「生涯現役」でいられる理由

野崎幸助《のざきこうすけ》

2018年４月19日第１刷発行

発行者――――渡瀬昌彦
発行所――――株式会社 講談社
東京都文京区音羽2-12-21 〒112-8001
電話 編集(03)5395-3522
販売(03)5395-4415
業務(03)5395-3615

デザイン――――鈴木成一デザイン室
カバー印刷――――凸版印刷株式会社
印刷――――慶昌堂印刷株式会社
製本――――株式会社国宝社

落丁本·乱丁本は購入書店名を明記のうえ、小社業務あてにお送りください。
送料は小社負担にてお取り替えします。
なお、この本の内容についてのお問い合わせは
第一事業局企画部「＋α文庫」あてにお願いいたします。
Printed in Japan ISBN978-4-06-511777-4
定価はカバーに表示してあります。